みんなの収納・片づけ日記

無理せず「すっきり」が続く、工夫とマイルール。

SE SHOEISHA

■お問い合わせ
本書に関するご質問、正誤表については、下記のWebサイトをご参照ください。

正誤表
http://www.shoeisha.co.jp/book/errata/
お問い合わせ
http://www.shoeisha.co.jp/book/qa/

インターネットをご利用でない場合は、FAXまたは郵便にて、下記までお問い合わせください。
電話でのご質問はお受けしておりません。

〒160-0006 東京都新宿区舟町5
FAX番号 03-5362-3818
宛先
（株）翔泳社 愛読者サービスセンター

はじめに

きれいに片付いた部屋で心地よく暮らしたい。すっきりとした部屋をキープしたい。誰しもそう思うものですが、仕事や家事、育児で忙しい日々、なかなか実践できないものです。慌ただしい毎日でも、無理なくきれいな部屋を維持したいですね。

どこから片付けていいかわからない、モノが捨てられない、整理してもすぐにちらかる、せまい部屋で収納がない……。暮らしの数だけ片付け・収納の悩みがあります。

本書は、さまざまな暮らしのなかで、すっきりとした部屋をキープしている人気のブロガーさん、インスタグラマーさん22人による、収納と片付けの記録です。モノを持たないミニマリスト、モノをたくさん持っているのにきれいな部屋を維持している人、せまい部屋でもすっきりとした収納を実現している人、ちらかりやすい子どものアイテムを上手に片付けている人。各家庭に合った部屋にすることで、心地よい生活を実践している方ばかりです。

それぞれが実践する収納ルールや片付けアイデア、「すっきり」をキープするためのコツが満載！ 読むだけで片付けスイッチがオンになり、やる気を刺激してくれる1冊です。

contents

みんなの収納・片づけ日記

目次

ryokoさん 01

ryoko

家事をルーティン化して、きれいな部屋でくつろげるように。

夫と小学生の男の子2人との4人暮らし。平日はフルタイムで働いているため、朝晩の短時間で楽にきれいな状態をキープできるよう、環境を整え家事をルーティン化しています。収納は見えないところはざっくりと、片付けは出かける前と寝る前に使ったものを元の位置に戻すことが我が家のルール。無理なく家族できれいに整った部屋でくつろげるよう心掛けています。

家族構成

夫、自分、長男11歳、次男8歳

住まい

築4LDKの築8年の一軒家

▶ 収納・片付けについて

そもそも、なるべくモノはひとつの用途につき、ひとつしか持たないようにしています。そのうえで、それぞれのモノの定位置を決め、使ったら元の位置に戻すことを徹底していたら部屋はちらかることもなく、楽にきれいな状態をキープできます。スーパーやコンビニがストックルームのつもりで、モノの予備在庫は極力持たないようにしています。

▶ 収納・片付けの悩み

悩みは特にないのですが……、夫と次男は片付けが苦手で面倒なようなので、彼らにも負担なく整理できるような、モノの定位置の決め方や片付けのルールを考えるのが少し手間に思います。

➡ Instagram user name
「ryoko1125」
https://www.instagram.com/ryoko1125/

➡「life labo note
毎日が暮らしの研究日和！」
http://lifelabo.net/

▶ 2015年 10月 24日　その他

掃除機は気になったときにサササッと使える場所へ

キッチンの横は、階段室をはさみ左にトイレ&階段。右に洗面所&お風呂です。そして、毎日のササッと掃除に大活躍の「マキタ」の置き場所は、洗面所とトイレの間のここ。

我が家の洗面所とトイレの床は白のクッションフロアなので、髪の毛が落ちるとすごく目立ちます。あと、洗濯物も洗面所で干してから2階のベランダへ一気に運ぶので、洗面所の床に落ちる洗濯クズも干すたびに気になる。というわけで、気になったときにササッと掃除できるよう、この位置になりました。

2016年 03月 10日

その他

さりげなく花を飾って

昨夜の観戦疲れが、家族みんなに見られた朝。テレビボードの上にも黄色いお花を。

家に飾るお花は、庭のものかスーパーや産直市場の生花コーナーで買ったものがほとんど。

夫がたまに街のお花屋さんで買ってきてくれますが、我が家のご近所にはしゃれたお花屋さんなどありません……。

がんばろう、木曜日!!

2016年 04月 25日

玄関

家のいたるところに植物を

おはよう月曜日。今朝の福岡は曇り空。肌寒いです。

写真の奥に見える日傘。お気に入りの2本ですが、無印良品のフックを壁に取り付けて引っ掛けるか、はたまたこのまま角に立てかけておくか……検討中。

窓は小さいですが、東向きの玄関なので朝は気持ちのいい光が入ります。

植物はブプレリュームとやら。近所のスーパーの産直コーナーでサクッと買ったもの……。少しでもこういうグリーンが家にあるとすごく落ち着くので、欠かさないようにしています。

イスは、むかーし関西に住んでた頃に、骨董市みたいなとこで買ったもの。

2016年 06月 18日

洗面所

洗面台下の収納を見直し

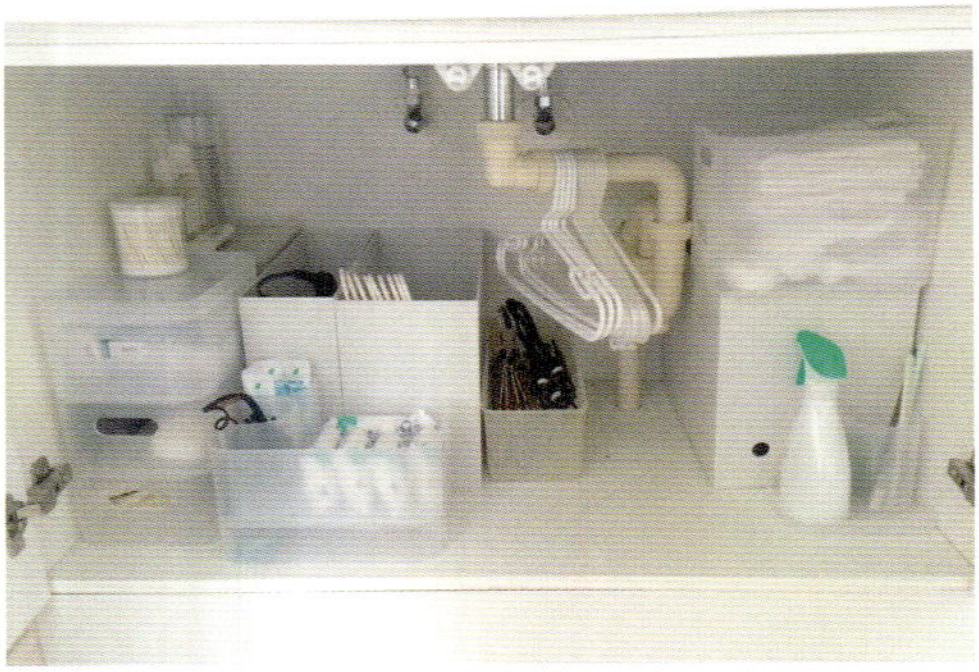

ネット注文しておいた無印便が届いたので、洗面台収納の見直しを。すっきりした〜。

〈ケース収納の内訳〉

■右／漂白剤、カビ取り剤類、洗濯洗剤、雑巾の予備など。手前のダイソーのトレーには掃除用古歯ブラシ、ファブリーズを。

■中央／ヘアアイロン、ハンガー、子ども用歯磨き粉＆石けん、歯ブラシのストックなど。

■左／試供品や旅行用小分け容器、来客用歯ブラシ、コンタクトレンズのストックなど。

　ちなみに、ストックは、それぞれのケースやボックスに入る分しか持ちません。面倒なのでおそろいの容器などへの詰め替えもしてません〜。

2016年 09月 01日

キッチン

食器用スポンジと歯ブラシは、毎月新調します

1

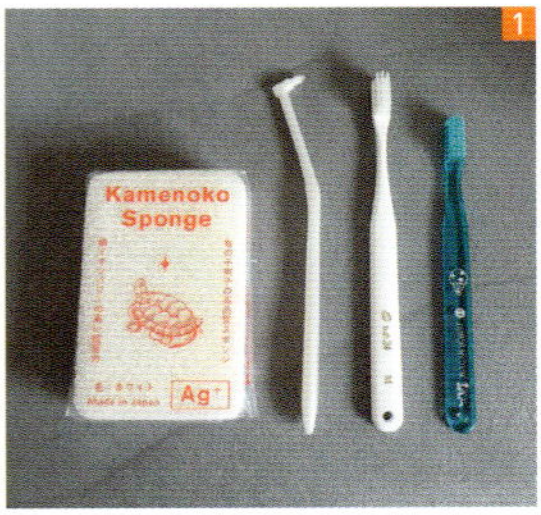

2

毎月はじめに、食器用スポンジと家族みんなの歯ブラシを新調しています。スポンジは「亀の子スポンジ」を愛用中1。

　8月に使っていたものは、今月はシンク磨き用に使います。同じ色を使い続けるとどっちがどっちかわからなくなりそうなので（特に夫）、月替わりで色を変えるシステムに。

　水筒用とシンク用のスポンジは、洗いかごの横に引っ掛けてます2。

2016年 09月 24日

子ども部屋

時間のある週末は、きれいにしてから外出

今日も早起きの子どもたち。やるべきことを済ませて、8時半には公園で野球の練習。その後は10時に友だちと約束しているとやらで、遊びに行っています。

リビングダイニングに持ち込んだおもちゃや私物は、寝る前とお出かけ前に子ども部屋へ片付けること！ がルールの我が家ですが、子ども部屋は床にモノがちらかしっぱなしじゃなければ、平日は好きにさせています。

毎週土曜日は、それらを片付けてからしか遊びに行ってはダメな決まり。週末くらいは本来のきれいな姿に戻そうよ、と。

2016年 11月 03日

キッチン

リノベーションで念願の吊り戸棚が……

我が家のキッチン。来週から始まるリノベーションで、右上に写っている吊り戸棚を取ります！

入居してしばらく経ってから、嫌で嫌でたまらなかったので、やっと取れることになってうれしい。

何でこんなものをカウンターの上に付けたんだろう？ 建てるときはよかれと思って付けたはずが……。7年前の私が謎です……。撤去したらもっと明るくなって、キッチンからの視界も広がるだろうから楽しみです。

mini column 収納・片付けマイルール

1. 使ったら元の位置に戻す

シンプルに、モノは使い終わったらすぐに元の位置に戻すこと。これが徹底できると、楽にきれいな部屋を維持できます。

2. 見えない部分はざっくり収納

扉の内側、引き出しの中などは、ざっくりとした収納でよしとし、出し入れの際に「キッチリしなくては！」という家族のストレスがないようにしています。

3. 片付けのタイミングを決める

片付けのタイミングを家族みんなで守り、寝る前や出かける前など、1日に数回リセットの時間をとっています。

2016年 12月 29日

リビング

子どもたちのプリント類は、カウンター下に収納

今日から家族の冬休み。朝はのんびり起きて、午前中は子どもたちの宿題の丸つけやお道具袋のチェックを。これで安心して3学期を迎えられます。

子どもたちは夫監修の下、子ども部屋や学習机の引き出し内の不用品を片付けましたよ!（次男の机の中やばかったー）

子どもたちのプリント類はカウンター下のファイルボックスに。学校からのおたより類は、基本は見たら「おたよりBOX」というアプリに写真で保存して、紙は即捨てています。

ただし、学級通信などは学年末まで原本を保管しておきたいので、クリアファイルに入れてファイルボックスで保管です。

2017年 01月 28日

キッチン

「みそか掃除」で引き出し収納をきれいに

1月の最終週末なので、今日は週末掃除に加えて「みそか掃除」も。

今月はキッチンの引き出し収納の中身を全部出して、仕分けケースの中もアルコールで拭き上げました。

コンロ下の引き出しはパントリー代わりに使っていて、油や常温保存の食材のストックを納めています。

無印良品のファイルボックスが横にぴったり6つ入っていて、それぞれ、乾物、パスタ関係、だし類……などに仕分け。

晴れだとそれだけでうれしい！今週は寒い中、屋外での仕事が多くてクタクタになったので、この週末はのんびりします。

2017年 04月 16日

寝室

右から左へ、移動させるだけの衣替え

夫は終日仕事、長男はご近所のパパさんと釣り、次男は友だちと公園へ。私は衣替え的なことを少々、の日曜日。

衣替えといっても、クローゼットの右側にかけていた夏物を、扉を開けてすぐ手に取りやすい左側に移動させるだけですが。

昨日は個展前にお買い物も楽しみました。お買い上げしたのは、ネイビーのエンフォルドの綿麻ワンピース。この夏も黒と白と青系ばかりの女で過ごす予定。ワンピースが大好きです♡

2017年 04月 20日

洗面所

タオルの色をそろえて、すっきり

黄砂や花粉の影響か、肌の調子がイマイチ。これだから春は苦手～。早く大好きな初夏に本格的に移ってほしい。

洗面所のタオルは、色はワントーン、同じ大きさでそろえることで統一感が生まれ、オープン棚の収納でもすっきりして見えます。

我が家では、お風呂あがりに使うタオルもフェイスタオルです。収納スペースだけでなく、干すスペースも少なくて済むので、花粉対策に部屋干しすることの季節にも、洗濯しやすくてよいですよ。

自分に合った方法で楽にきれいをキープ

週末の家仕事終了！　洗濯は昨夜のうちに済ませておいたので、今朝は8時過ぎまでゆっくり寝ました。

冷蔵庫や換気扇の上は毎週末にウエスで拭き掃除をしているのですが、昔はラップや新聞紙を敷いておく……という方法も試していました。

でも私は背が高いからか、チラッとラップや新聞紙の端が見えたりするときがあって、どうにも気になり。ならばと週1で拭く形に。

どんなやり方がベストかは、家事をする方によってそれぞれ違いますね。

mini column　お気に入りの収納

リビング・ダイニングでよく使うものがそれぞれぴったりうまく収まったなぁと思うのは、キッチンカウンター下の収納。A4の短辺に合わせた奥行きがあるので、無印良品で小物を収納する引き出しケースや書類のボックスをそろえました（P.12の記事）。それぞれの引き出し、ボックスの中はざっくりと納められていますが、来客時に収納を開けても、パッと見たところはすっきりして見えるようにしています。

また、洗面所のタオル収納は、来客やインスタグラムのフォロワーさんたちから「すっきりしている！」と褒めてもらえます。（P.13参照）

タオルの色やサイズをそろえることで、オープン収納でもすっきりした印象に。

2017年 06月 22日

その他

キッチンに庭の花を飾って

庭の紫陽花は2色。紫色のほうはキッチンの壁の棚に。

球技大会の練習も終わり、今週は夕方から21時までの間、子どもたちとゆっくり過ごす時間がとれてうれしい。夏になり夕食前のお風呂の時間が短くなったのも理由のひとつですが。

夕飯時にダイニングで、片付け後にリビングで、寝る前に子どもたちの枕元で。それぞれの1日をおしゃべりしてシェアしたり一緒にお料理したり、お裁縫したり絵本を読んだり。こういう何気ない時間が一番の癒やし。

2017年 08月 08日

洗面所

水回りは使うたびに拭いて気持ちよく

出勤前の身支度を終えたら、洗面所回りの水滴を拭き上げ。使うたびにハンドソープでボウルをひと擦りした後、こうしておくと、特別な洗剤いらずでいつも気持ちいい水回りに。

洗面所用の布巾も近くに置いていますが、大体、朝のキッチンリセット時に使った食器拭きのクロスを洗濯かごに入れる前に使って拭いています。

キッチンのタオルを替えただけで気分転換になったので、洗面所のタオルもブルーのものに。水回りがちょっと爽やかに見える気がする〜。

YUKIKOさん 02

YUKiKO

必要なものしか持たない、シンプルな暮らし。

大阪府在住。2014年10月一条工務店「i-smart」にてマイホームを建築しました。本当に必要なものしか持たない暮らしがしたい。モノトーン×ダークブラウンをベースに、+αでグリーンを取り入れたシンプルなお家です。ズボラで大ざっぱな性格です。

家族構成

夫、自分、長女8カ月、ホワイトスイスシェパード2歳

住まい

3LDKの一戸建て

▶ 収納・片付けについて

隠す収納がメインで、できるだけ生活感が出ないようにしています。毎日のちょっと掃除を習慣化して、何事もためないようにしています。床やカウンター、机などできるだけモノを置かないようにして、掃除がしやすいように心掛けています。気持ちのいい風が吹き抜けるような、余白のある収納が理想です。

▶ 収納・片付けの悩み

ペットの抜け毛がすごいので日々格闘中です。

Instagram user name

「yukiko_ismart」

https://www.instagram.com/yukiko_ismart/

「Keep Life Simple　ほんとうに必要な物しか持たない暮らし～インテリアのきろく～」

https://ameblo.jp/yukikoismart/

▶ 2015年 12月 23日　玄関

探しに探した破格のブーツスタンド

ブーツキーパーって、うまく自立せず左右にパタパタ傾くことはないですか？　なーんかいい方法ないかなと思い出したのは、アパレル時代にお店で使っていたブーツスタンド1。あれならきっと倒れないかも！　探しに探して、見付けた——!!　台付きやから傾かへんし、高さも調節できるからニーハイブーツとかもいけるー♪2　ほんで250円——！　破格すぎる——！　またひとつ、「モヤッ」が減りました。

2

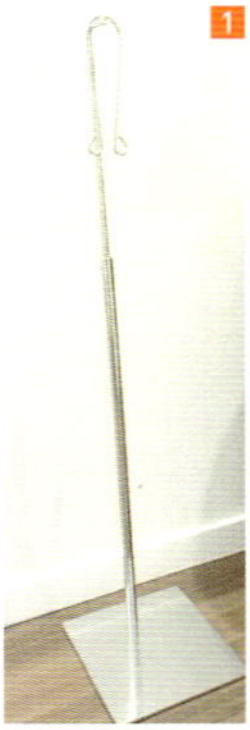

1

2016年 02月 02日 キッチン

冷蔵庫の野菜室は仕切りを入れて見やすく

ミイラ化したエリンギさんが冷蔵庫から発見されたのは数日前……。とうとう大嫌いな冷蔵庫収納に手を付けることに！

メジャーで測りまくって、ぴったりの仕切りを探し当てました。最近の100均は収納アイテムのサイズが豊富だから、ぴったりサイズが見付かって助かるー。

パッと全体の在庫を把握できるので、食材を腐らせることがなくなりました（仕切りは移動可）。

これも全てエリンギさんのおかげ。そうとしか思えない。ありがとう、エリンギ！

2016年 02月 21日 その他

筆記具は引き出しにまとめて収納中

産後の抜け毛ゴイスー。ってことでワンの抜け毛ゴイスー。ってことで「ルンバ」の購入検討中。何かシリーズが色々あってよくわからん。一番いいやつ買わんでも十分きれいになるんでしょーか。

筆記具の引き出しが見たいとリクエストいただいたので、がらっと開けたの図。またしてもセリアの仕切りボックス！ここは浅型を使用中。

ひとつひとつ、道具ごとにお部屋を分けて収納。カラフルペンはポーチにしまってます。

洋服を今まで以上に楽しむための断捨離

20代。アパレル業界にいた頃は流行が大好きで、毎日違う服が着たいからとにかく沢山の服を持ちたかった。

それも年齢を重ねて、

●厳選したものだけを持つ
●少ない服で暮らす

という魅力に気付く。

秋冬に10着、春夏に10着（冠婚葬祭・アウター除く）。着るものを絞りに絞って、名前を付けたいくらいかわいい子だけ残して1 2。ほいで、ハンガー50個分くらいの洋服を処分3。「まだこんな捨てる服あってんな～」と驚く。

ハンガー同士がスッカスカ!!

服同士の間に入って踊れるくらい。服よ、今まで息苦しかったろ。ごめんよ。

1

2

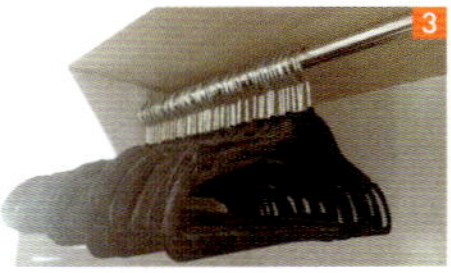
3

mini column 収納・片付けマイルール

1. モノはじか置きせず壁面収納を駆使する

モノを持ち上げる、というアクションがひとつ増えるだけで掃除がスムーズに進まず、結果的に「お掃除はしんどいもの」になってしまいます。なので、できるだけモノは床に置かないようにして「ついで掃除」がしやすい環境を作っています。驚くほどお掃除がぐーんと楽になります。

2. キッチン、リビングなどは寝る前にリセットする

朝起きてキッチンやリビングが片付いていると、とても清々しく気持ちいい1日をスタートできます。そうすることで、朝の忙しい時間も効率よく使えるようになって、まさに一石二鳥なんです。

3. 必要量を決めて、それ以上は持たないようにする

人がモノを管理・把握できる「量」は実はそんなに多くないと思っています。自分が把握できるだけの量を「大好きなもの」で満たすことで、よりモノを大切に扱うようになり、自然と不要なものは増やさないようになっていくと思います。

2016年 10月 06日

キッチン

ボックスのふた問題

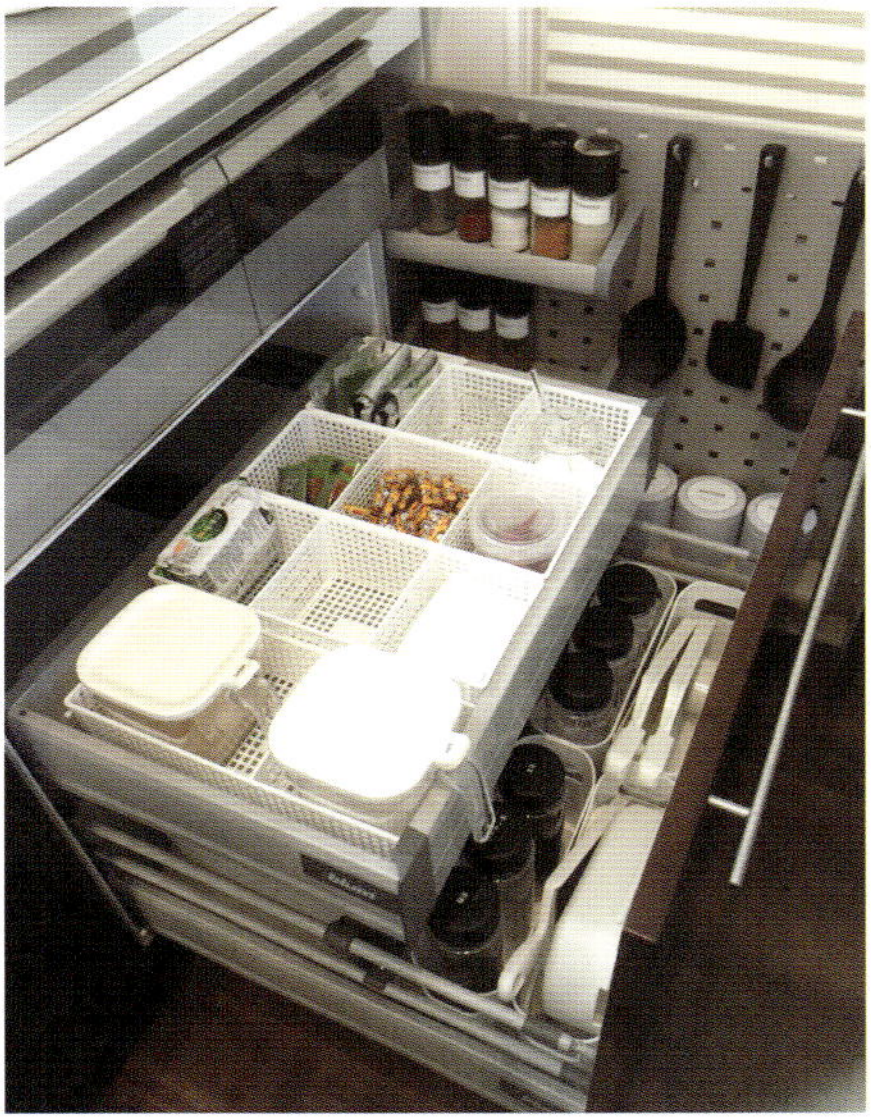

IH下の収納を見直し。キャンドゥのドリンクボトルを買ってお茶入れに。かなり流行にのり遅れてからの購入。ワタシキニシナイ。

ところで、ふた付きボックス、色々我が家でも活用していますが、このふた。主人が使った後を見ると、必ず絶対に間違いなく、100%の確率でふたを閉めずにずれていたり、開いたりしたままになっています。

2017年 02月 15日

その他

お風呂回りのあれこれ

我が家は風呂用スポンジを使いません。キッチンスポンジで代用して2年と4カ月。特に支障なし。

主人用のシャンプーはシリコンボトルで、頭にブッシャーて直接かけれるやつ。我ながら説明下手すぎる。

とにかく荒っぽいお方には向いている入れ物です（入れ物て）。

2017年 03月 27日

キッチン

タッパーは本体とふたを分けて収納

タッパーは大きさ別にダイソーのジョイント式コンテナボックスに収納しています。

ふたと容器をそれぞれで重ねるほうが場所取らねんだ（誰）。何やかんやで、きれいにしてもすぐにグチャグチャに戻っていましたが、この収納にしてから一度もリバウンドなしです◎。

ＩＫＥＡの耐熱ガラスタッパーは、作り置きとかに便利で（作り置きとかゆうてみたいだけ。たいしたもん作らん）、ほかのサイズも追加予定です。

2017年 04月 02日

子ども部屋

子ども部屋もホワイトで統一

6畳の和室をベビールームに。60㎝四方のホワイトのジョイントマットを敷きつめました。が、もはやベビーベッドがオブジェと化している子ども部屋。早く撤去した――い。

クッションフロアを剥がそうか悩んだけど、床暖生活が終わるし、「やっぱりいるよ！」という先輩お母さんたちの言葉を受けて、しばらくこのままでいこうと思います。

ラップ類の収納は見た目重視で

ラップ類の収納。イデアコの真っ白なラップホルダーに、

- 「サランラップ」
- 「アルミホイル」
- 「クッキングシート」

を入れ替えてます。

使いにくい!? うん! 使いにくい。でもここは「見ため重視!」でホルダーに入れ替えてます。

慣れたらいけるよ。慣れた歴3年やで。もはや使いにくいことない!

mini column お気に入りの収納

洗面台の鏡裏収納がお気に入り。参考にしたのは百貨店のコスメカウンター。

パッとひと目で見やすく、美しく、取り出しやすいように工夫しました。無印良品のアクリルスタンドを使用しています。

最近のコスメ収納は、大体落ち着いているんですが、香水をまっったく使わなくなった!!

ま……また捨てたい病が……。うーん難しい。飽きた香水、使わなくなった香水、みなさんはどうやって処理してますか?

収納ケースをそろえて見た目もすっきり、取り出しやすく。

2017年 04月 25日

その他

やっとたどり着いた薬箱収納

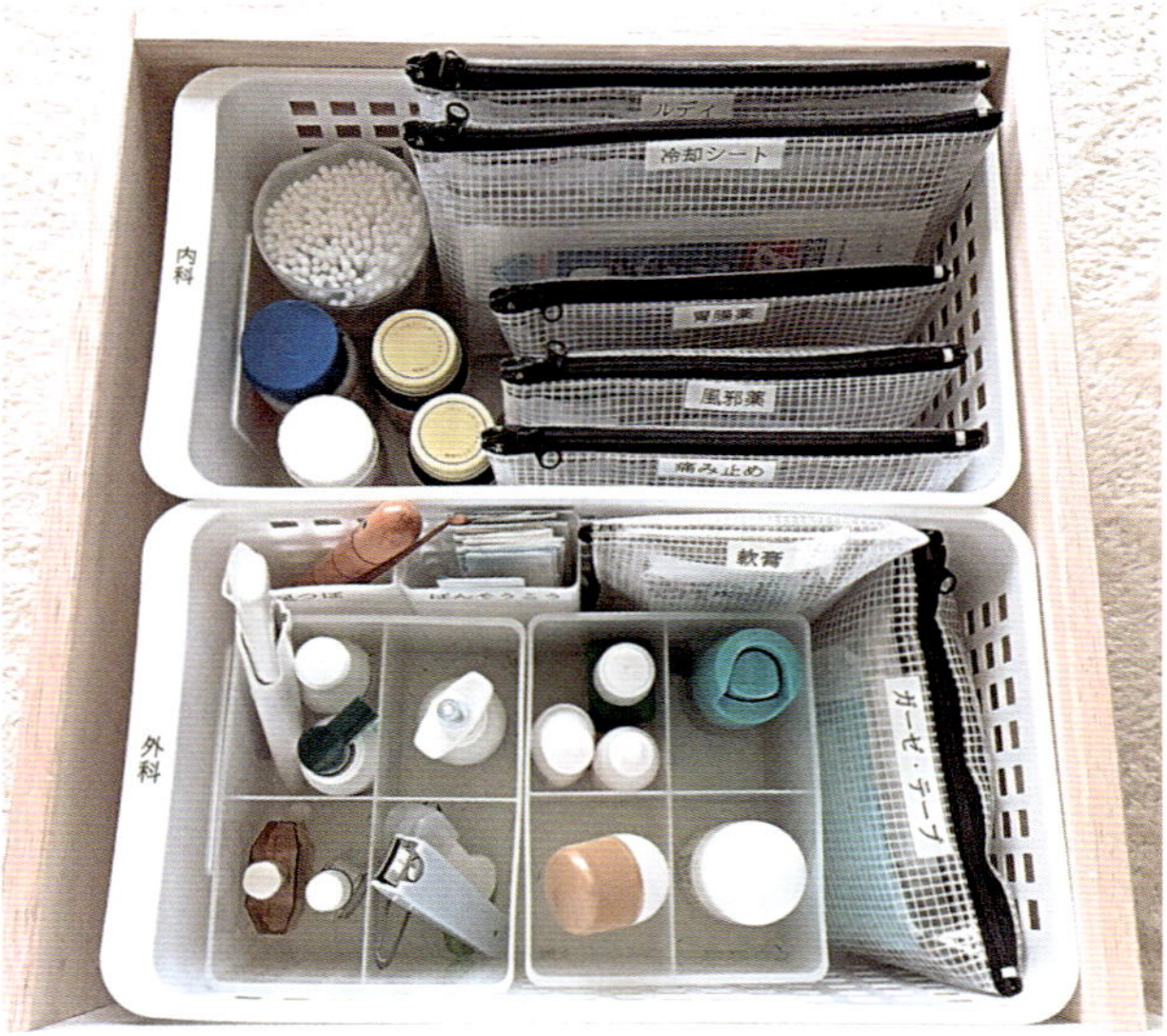

薬箱を片付けてたらさ……娘のへその緒が出てきたよ。ぎゃー。こういうのんが、いっちゃん置き場所に困る！　す、す、捨てたいぞー（心の声）。失敗を重ねてたどり着いた薬収納は、

●内服薬と外用薬に分ける、といいつつ内服に冷却シート
●投げ入れOKにする
ダイソーのビニールケースがお役立ちです。

2017年 06月 05日

その他

押し入れ収納もすっきり

何気に初の和室押し入れ。押し入れってやたらと奥行きが深いし、キライＤＡＹＯ。引き出し部分も真っ白な衣装ケースで、見た目もすっきりに。そして、モノの増減に対応できるフリースペースを作っています。白いお方のでっかいドッグフードもぶち込んでます。足マッサージ器は夫婦の必須アイテム。コレナイトイキテイケナイヨ。

▶ 2017年 07月 09日

トイレ

トイレスリッパにさようなら

突然ですが、我が家、トイレスリッパやめました。思ってた以上に、すっっっきりひゃほー!! 一気に掃除が楽になりました。

ずーっとこのスリッパの存在に悩んでいて、あるだけでスリッパそのものも汚れるし、掃除するのにも邪魔やし、管理にモヤモヤしてました。しかも、何回ゆうても主人はスリッパ使ってくれへんし。

スリッパはお客様が来たときだけ出せるように、洗面所下の扉裏にフックをかけてしまってます 1。

トイレの床は毎日の朝活で除菌し、汚れが気になったらその都度掃除するスタイルで、いつも清潔を心掛けています 2。

1

2

▶ 2016年 08月 04日

その他

ジュエリー収納も使いやすさ第一

ジュエリー収納です。

無印良品のトレーがお気に入り。最近は、トレンドの大ぶりピアスにハマっていて、ひとつひとつショットグラスに収納しています。

友人が作るアクセサリーがツボで、シンプルな服に合わせて楽しんでいます。

arataさん 03

arata

神奈川県在住の30代。ズボラで何をするのもおっくう、面倒くさがりの専業主婦。できるものなら手をかけたくない主婦業を、とにかく効率的に早く楽にこなしたい。面倒くさいがゆえに思いつく、省略して楽する主婦業を模索中です。1日のなかで小さな片付けを繰り返し実施し、毎日リセットするタイミングを必ず設けています。

効率的に、楽に家事ができる住まいを模索中。

家族構成

夫、私、長男1歳

住まい

築5年目の一戸建て

▶ 収納・片付けについて

収納と片付けは別物と思っています。収納は使いやすくするためモノに住所を与え、納めること。片付けは住まいをリセットするために毎日やること。我が家はこの2点で住まい作りをしています。

▶ 収納・片付けの悩み

出産を経てライフステージが変わりました。家族が増えたことにより増えていくモノ、幼児を抱えながらの片付け方、幼児がいても安全な収納作りが現在の悩みです。

Instagram user name

「kitchen.drunker」

https://www.instagram.com/kitchen.drunker/

▶ 2015年 01月 28日　リビング

どこが正しい置き場所？

空気清浄機ってどこに置いてますか？　リビングの配置をマイナーチェンジしていたら、空気清浄機の置き場所に悩んでしまいました。調べてみたら、「テレビの近くはNG」とか……「エアコンの下はOK」とか、逆にNGとか……「エアコンの正反対側」とか……「部屋の隅はNG」とか……。情報がありすぎて、どれがいいのかわからなくなりました。

今回配置換えをしてテレビの隣にしてみたら、テレビ台にある電波時計が受信できなくなっちゃって……。調べたら空気清浄機の出す電波が、テレビや時計にはよくないみたい！

2015年 02月 02日

キッチン

吊り戸棚の収納を見直し

先日食器棚の収納を見直したので、ついでにキッチンの吊り戸棚も一緒に入れ替えをしてみました。

ラベルに字が書いてないボックスは、中身が空っぽです……（笑）。収納を見直したら空っぽになっちゃいました……。あちこち収納を入れ替えただけで空っぽのボックスがたくさんできたの!! 今までが収納下手だった模様。

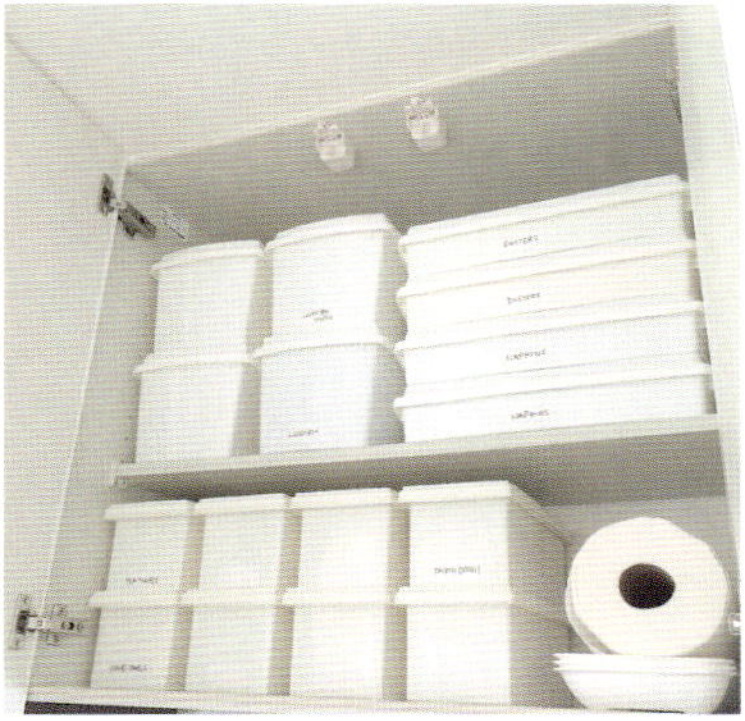

2015年 02月 11日

キッチン

やっと見付けた理想のスポンジ

我が家のスポンジ事情。

ケユカやラパーゼ、その他諸々を試したけど安くはないし、何しろすぐにダメになる……。真っ白なスポンジなんて、すぐに変色して汚れちゃうし……。

そんななか見付けた業務用の白黒スポンジ!! 5個パックで500円くらいとお値段が素敵なうえ、なかなかへたらない!! 水ぎれもいい！ 洗い心地抜群！

昔は白黒スポンジを見付けたら買い漁る時期があったけど、今はこのケースに入るだけにしてます。

mini column 収納・片付けマイルール

1. ラベルは英語表記に

夫の英語勉強のため、ラベルは英語表記にしています。表記を統一することで見た目もすっきり。

2. 汚れをため込まないこと

日々の汚れは気付いたときに「ながら作業」でリセット。小さな片付けを繰り返すことを意識しています。

3. モノの住所を決める

モノを戻す場所を決めて、家族で共有して、ちらからない環境作りを心掛けています。

2015年 02月 29日

キッチン

モノトーンで統一した食器棚

食器棚収納の完成版です。なんせ飽き性なので、すでに白黒食器棚のテンションアゲアゲはとっくに終了……。ただいま、手前カウンターにキラキラしている、サンキャッチャーをどう吊るしたらいいのかで頭がいっぱい……。家事が一向に進みません。

サンキャッチャーを吊るしている方、窓枠にどうやって吊るしてますか? ちなみにカーテンレールのない小窓なんです。

2015年 05月 21日

キッチン

さらに断捨離したい冷蔵庫

ドレッシングやタレ類って意外にお値段するし、何より邪魔になるから我が家は全部手作りが基本。調味料で必ず常備してるのは、ポン酢・レモン汁・ナンプラー・バルサミコ酢。実家のレモンとゆずの収穫時期はポン酢も手作りします。

冷蔵庫の右側(写真)には、粉ダニ対策でパスタ・スパイス、粉ものは上段へ。消臭剤は左側の中段奥、コーヒー豆の出がらしで代用! 節約になるし冷蔵庫の消臭に超バツグン! キムチ臭にもイケる!(笑)

さて、ここから断捨離してすっきりミニマム冷蔵庫にするのが目標。

2015年 06月 11日

その他

洗剤は3つだけ

ミニマリストチャレンジ・洗剤編。主婦になってから、膨大な広告やCMに影響されて、販売者の思惑通りに洗剤を買い集めていました。去年の夏、「オキシクリーン」にとり憑かれた私はあらゆる洗剤の排除をスタート！

排除した洗剤は、キッチン油汚れ用、電子レンジ用、お風呂掃除用、トイレ便器用、壁紙用、窓拭き用……などなど。

本当にムダ使い。詰め替えボトルにムダ金使い。さらに収納に悩み……。現在は「オキシクリーン」「パストリーゼ」「セスキ炭酸ソーダ」の3点だけで家の掃除ができるようになり、収納もすっきり落ち着きました。

2015年 08月 05日

洗面所

柔軟剤なしでもふわふわに

我が家のタオル収納です。バスタオルは白が夫婦2人分で4枚、グレーがお客様用で2枚。

洗剤を断捨離するなかで、柔軟剤もいらないんじゃないかという結論に。洗濯洗剤はコストコ、カークランドの洗濯用「オキシクリーン」をハイター代わりに使っています。

バスタオルは干す前に広げて10回くらい振ると、生地のパイルが立ち上がってふわふわになります。母が昔からやっていた干し方です。

2015年 10月26日

洗面所

ストックゼロですっきり

洗面台はマイクロファイバータオルを1枚置いて、水はねを拭いたりパストリーゼで掃除したりして、毎日洗濯機にポイ！こまめに掃除しています。

洗面台下の収納。引き出しの上段1、収納ボックスの中身はこまごましたものが入っています。下段2は洗剤など。好きで集めている海外のハーバル石鹸以外は、基本的に何でもストックゼロです。

1

2
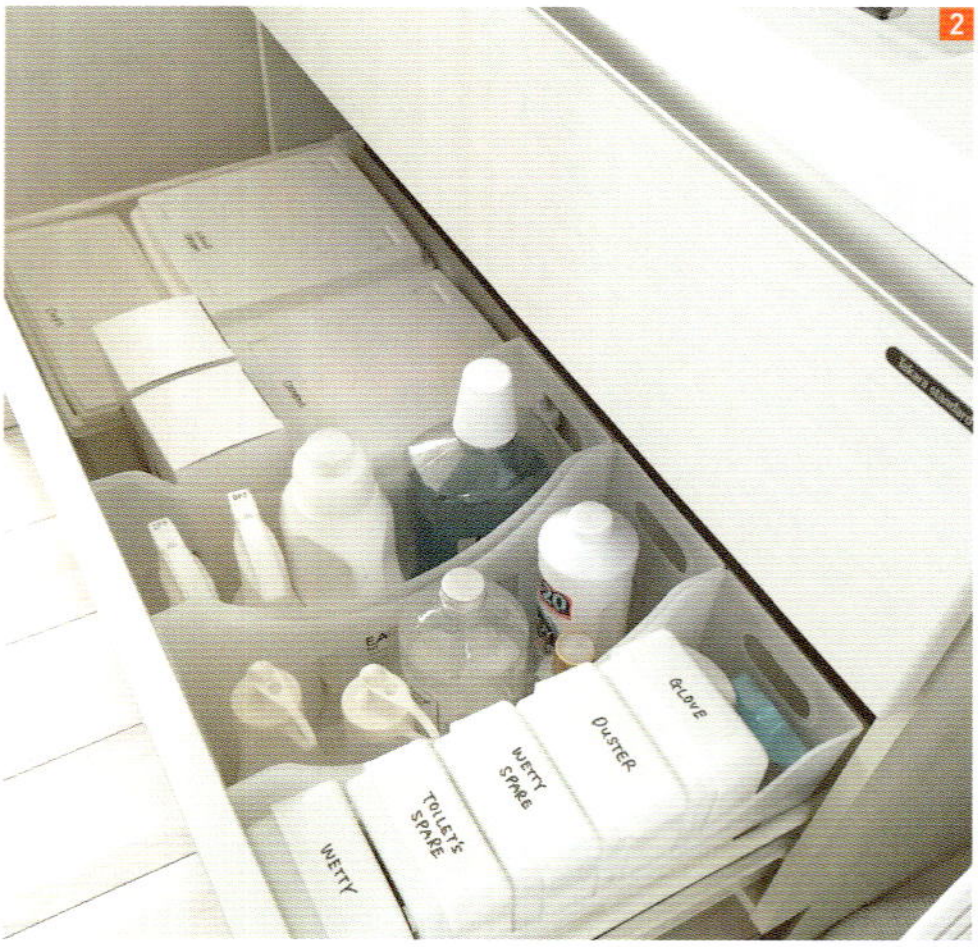

2015年 11月 07日

洗面所

白で清潔感のある洗面台収納

歯ブラシは洗面台の三面鏡裏、真ん中部分に。詰め替え用のボトルは形をそろえてすっきりと。

洗面台汚しの天才である夫は歯磨き後の歯ブラシの水きりをしないんです。だから歯ブラシの下は毎回ビショビショ。何度言っても直らないので、毎日毎日夫の歯ブラシの後始末と熱湯消毒も日課になりました。

日中は湿気防止のために、ありとあらゆる扉を全開放して換気しています。

2015年 12月 23日　リビング

リモコンは全て引き出しに

ホコリが付くのが嫌なので、リモコンは全てテレビボードの引き出し内に。気が向いたときに「パストリーゼ」とコストコのキッチンペーパーで拭いています。

2016年 02月 09日　その他

こまごましたものも、すっきり！

思うように進まない断捨離と片付け……。「今日こそは」と毎日思っているんですが、ちらかり放題なので戒めのために整理整頓&収納記録を残すことにしました！

ここはこまごましたアイテム。下段左は上から薬、バンドエイド、輪ゴム、乾電池、裁縫セット、接着剤類、夫専用ボックス。

下段のファイルボックスは左からMacBook関係、スマホ関係、祝儀袋や便箋・封筒、家電説明書、夫専用、空のクリアファイル類。

上段は来客用のバスタオルや文房具類、アイロン、毛玉取りなど。ここだけは人様が来たときに目につく場所なので、どうにかきれいな状態を保っています。

ゴミ箱の置き場

我が家のゴミ箱事情について。
1 70ℓのセンサー付きゴミ箱
手をかざしたらセンサーで開くので料理中に便利。臭い漏れしないので、生ゴミやキッチンから出るゴミをメインに。
2 イデアコの真っ白いゴミ箱
シンプルで存在感が強くないので、ダイニングとリビングの間に置いています。
3 ペットボトル、ビン、缶用のゴミ箱
　ペットボトルなどのゴミは外に置く派です。キッチン横のウッドバルコニーに、安物のゴミ箱を置いています。

1

2

3

アウター類の一時置き場

この時期、帰宅後に花粉の付いたアウター類を部屋に持っていくのが嫌なので、アウター類の一時置き場を玄関前に設置しています。

そして、先日目標を立てた「1日1カ所片付け」は2日坊主となりました……（笑）。最近ダラダラに拍車がかかり、ズボラに磨きがかかってますが、今日こそは今日こそは……片付け宣言です！

キッチンの片付けとお手入れ

最近は離乳食ですぐにちらかるキッチンのため、まともにお手入れもできず……。人工大理石なので「キッチン泡ハイター」を吹きかけるだけの今日この頃です。ハイターでとりあえず真っ白キープできる人工大理石は、お手入れ楽チンで私には合っているみたいです！

キッチンの壁は、タカラスタンダードの「ホーローキッチン」というもの。キッチンのどこでもメモ書きや落書きオッケーで磁石もくっつきます。

今日こそは午前中に家事を終えてみたいです。

mini column お気に入りの収納

いたずら盛りの幼児がいるため、以前のように好きなときに、やりたい片付けができない自分にイライラすることもありました。
そのため思い切ってリビング収納の中身を半分以下に減らし、空いた空間を片付けができないときのための「一時保管空間」としました。子どもがいたずらするときや、時間がないとき、来客時に「とりあえず隠して放っておける場所」を作ったのです。
この「とりあえず放っておける場所」ができたことで、片付けが思うように進まないときも自分を苦しめず、育児と家事の両立をすることができました。

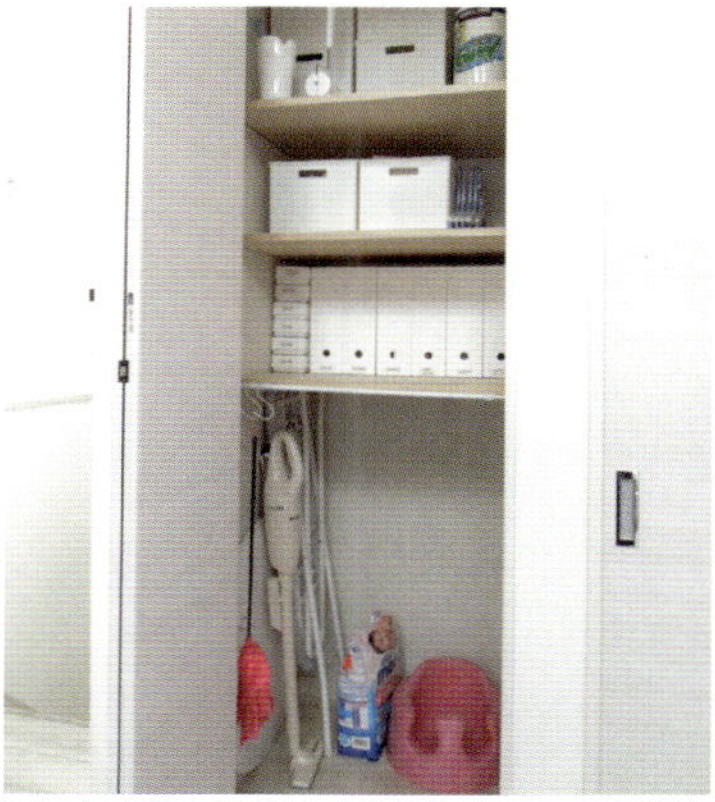

リビング収納に子ども用の一時保管空間を設けました。

m'mさん 04

m'm

出しやすく、戻しやすい収納が理想です。

「見せられる収納」と「リセットできる家作り」をコンセプトに、好きなものだけに囲まれて暮らす生活「LIKE LIFE」を目指しています！　昼夜働きながらも暮らしを楽しんでいます。掃除機をかけるだけで来客を呼べる、すぐにリセットできる部屋作りが理想です。

家族構成

夫、自分、長女9歳、次女7歳

住まい

築6年の一戸建て

▶収納・片付けについて

出しやすく戻しやすい方法で、家族にも負担にならないような収納を心掛けています。誰に見られても恥ずかしくない収納方法、80%収納、モノトーンでそろえるなど。床にモノを置かないようにし、一時保管場所を作ることも。立ったついで、洗面所に行くついで、掃除機かけるついでなど、少しでも次の瞬間が楽なように一度に2つのことをするようにしています。

▶収納・片付けの悩み

片付ける場所は決まっているし、わかっているけれど、面倒くさい気持ちが勝って片付けない家族。自分も日々忙しくて、毎日決まった片付ける時間がとれないこと。

Instagram user name
「m_m_home」
https://www.instagram.com/m_m_home/

「m'm home」
http://ameblo.jp/m-m-home/

▶ 2016年 10月 28日　納戸

シンプルだから長く使えるラック

階段下の収納は、ドアを開けたらこんな感じです♪　工具箱やアウトドア用品、ストーブ、クリスマスツリー、掃除用品などがごっそりと入っています！

ボーダーの引き出しはもともとクリアだったので、マステで白黒にしちゃいました(笑)。ステンレスのラックは実家で使っていたものを持ってきたから、15年くらい前のものかな～。シンプルなので飽きずに使えて好きです。

2016年 11月 30日

キッチン

子どもたちも取り出しやすく

カラフルな食器はダイソーの引き出しケースに入れて目隠し！ 引き出しだと子どもたちも取り出しやすく、選びやすいみたいです。

「テラスハウス」のお家が好みすぎて〜。インテリアすごく真似したい。

2016年 12月 01日

リビング

扉裏も有効活用して

収納の定番になりつつある扉裏の収納術。あたしは100均のホワイトボードを分解して、ボード部分だけを両面テープで扉裏に固定。そこに年間行事表や毎週のおたよりなどを貼っています！

子どもも自分で確認できるのでオススメ！ やっぱり生活するうえで収納やお片付けは家族も巻き込まないとダメですね……！ じゃないとストレスで爆発しちゃいます〜（旦那は覚えてくれる気があまりないけど）。

2016年 12月 05日　リビング

気軽にポイポイ、入れやすく出しやすく

我が家の基本は「ポイポイ収納」。「扉の中や引き出しの中もきれいにしておきたい！」とは思っていますが、なるべく2度の手間は避けたい派（笑）。扉を開けて、またふたを開けてでは、出すのはもちろん、しまうのも面倒になっちゃいます……。

だからポイポイ入れることができる、ふたなしの収納ケースが好きです♡　ただし持ち出して（運んで）使うものはふた付きの入れ物でOK！　と自分の中で決めています。「技は盗め」といいますが、自分の家に合った収納方法はどんどん盗んで暮らしやすい家にしましょ～う（笑）。

2017年 01月 25日　キッチン

カラフルなものは色別に

1

2

キッチン収納は決めてからほぼ変えていないので、家族も把握しています。だいぶ断捨離をして見直しました！　おかずカップやハランなど、お弁当で使うアイテムはここにまとめています1♬　1カ所にまとめておくと、お弁当を作る際にここを開けるだけなので楽チン。下段には型抜きやパンチなどもIN！　ケースはダイソー×無印良品を組み合わせています♡

キッチンの引き出し、全部開け（笑）2。だいぶモノを減らしたつもりでいるけれど、こうやって見ると、やっぱり結構詰まってる……。逆にこれだけのモノをしまっていてくれる引き出しの収納力がすごい↑誰。

2017年 01月 28日

子ども部屋

子ども自身がリセットできる収納

1階の和室にある収納は、今でも子どもたちのおもちゃが大半です。和室とリビングは子どもたちが帰宅すると、一瞬にしておもちゃや脱ぎちらかした服だらけに……(泣)。でも帰る場所は決まっているので、かんたんにリセット。子どもたちもちゃんとお片付けできます。

真ん中の空きスペースは、ランドセルや通園バッグ、習いごと用バッグの置き場所。自ら置いてくれるのは金曜日くらい……。

2017年 02月 20日

その他

思い出作品は写真に撮って

思い出ボックスの中はこんな感じです。箱の中にさらに3種類の箱がぴったり入っていて、分類することができます。これからの時期、子どもたちが持ち帰ってくる、作ったり描いたりした作品たち……。我が家は全て写真に撮ってアルバムに入れています♡♡

今は余裕があり、保管する場所に困ってはいませんが、娘が大きくなって時期が来たら……処分してもいいのかなと思っています。デカすぎて、見るときはいつも写真に撮ったほうの作品を見ているので。

あとはエコー写真とか娘の作ったキーホルダーとか、バッジとか手紙とか、私にとっては絶対捨てられない宝物を入れました。あと、今年はタイムカプセルを作ろうと計画中!

mini column 収納・片付けマイルール

1. 80%収納にする

少しゆとりのあるほうが見た目もきれいですし、急にモノが入ってきたときにも対応できます。余白があると、モノを取り出すときもしまうときも楽です。

2. 家族が使う場所はラベリングする

自分1人だけがわかる収納だと家族が片付けられません(片付ける場所がわからないから)。「子どもは私に聞く→私はイライラ」の悪循環になるので、快適な部屋作りのためには、一緒に暮らす人にもわかる収納にすることが必要です。

3. ワンアクションで取れる、しまえる

片付かないのは、片付ける動作が面倒くさいからだと思っているので、片付ける動作をなるべくかんたんにしたいと思っています。箱に入れるだけ、戻すだけ、など。

2017年 03月 18日

キッチン

調味料収納も使いやすさ第一

キッチンの調味料収納。油類やしょうゆなどはこの引き出しにまとめて入れていて、調理の際はラックごと出して、使った後はラックごと戻すだけ1。一度で片付くので、私にとってはこれだけでかなりの時短になります！

ふた付きのボックスには、毎日使う麦茶を。汚れが付いても洗えるし、ふた付きで湿気も防ぐので気に入っています。

調味料や油類は、基本のものはいつも詰め替え2。大容量で買うほうがお得だし、ストックの重複を防いで在庫管理にもつながると思うから。

1

2

2017年 03月 30日

洗面所

お化粧道具は動線に合わせて

洗面所、三面鏡裏の収納。お化粧はいつもここでするので、朝の洗面台は毎回旦那と取り合いです（基本的に先着順）。左側は家族兼用、真ん中は私、右側は旦那の収納になってます。ネックレスは吊るす収納。詰め替えるのは化粧水と乳液のみ。歯ブラシも使いやすさ重視です。

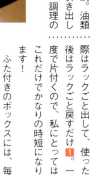

2017年 04月 10日

洗面所

朝にさっと洗面所を掃除

おはようございます！　私の住んでいる地域はやっと桜が少しずつ咲き始めました。ポカポカ陽気だとそれだけでうれしくなるなー!!　娘も2人とも自分で歩いて学校に行くようになったので、朝が楽～。洗面所を掃除してから出勤できました♪

2017年 06月 07日

その他

大好きな書類の整理

片付けのなかでベスト3に入るくらい好きなのは、書類の分別です（笑）。帰宅後、ポストのDMと娘たちが学校から持って帰ってくる書類を片付けるのが大好き♡　というか、基本、大量にたまってるモノを減らしていく作業が好きなんです。書類を分別したら、引き出しにポイっ！　大事な書類はファイルにポイっ！　出しっぱなし、冷蔵庫に貼るのは禁止！　我が家に多い「一時保管場所」は書類の収納にも役立っています。

上手に冷凍保存するために

冷凍庫整理は基本はタッパーを使っていますが、ジップロックも使っています。汁物や果物、玉ねぎ、かまぼこなど（笑）。タッパーはセリアで2個100円のもの。面倒なので、ラップに包んで食材を入れた場合は、汚れない限り洗いません。

まとめ買い派なので、買ってきてこれをやっておくだけで、料理のスピードが全然違うんです。急に外食になるときもあるし、衛生面も気になるので、私は常備菜より冷凍保存が合ってるな〜と思ってます。

わかりやすいアイコンシール

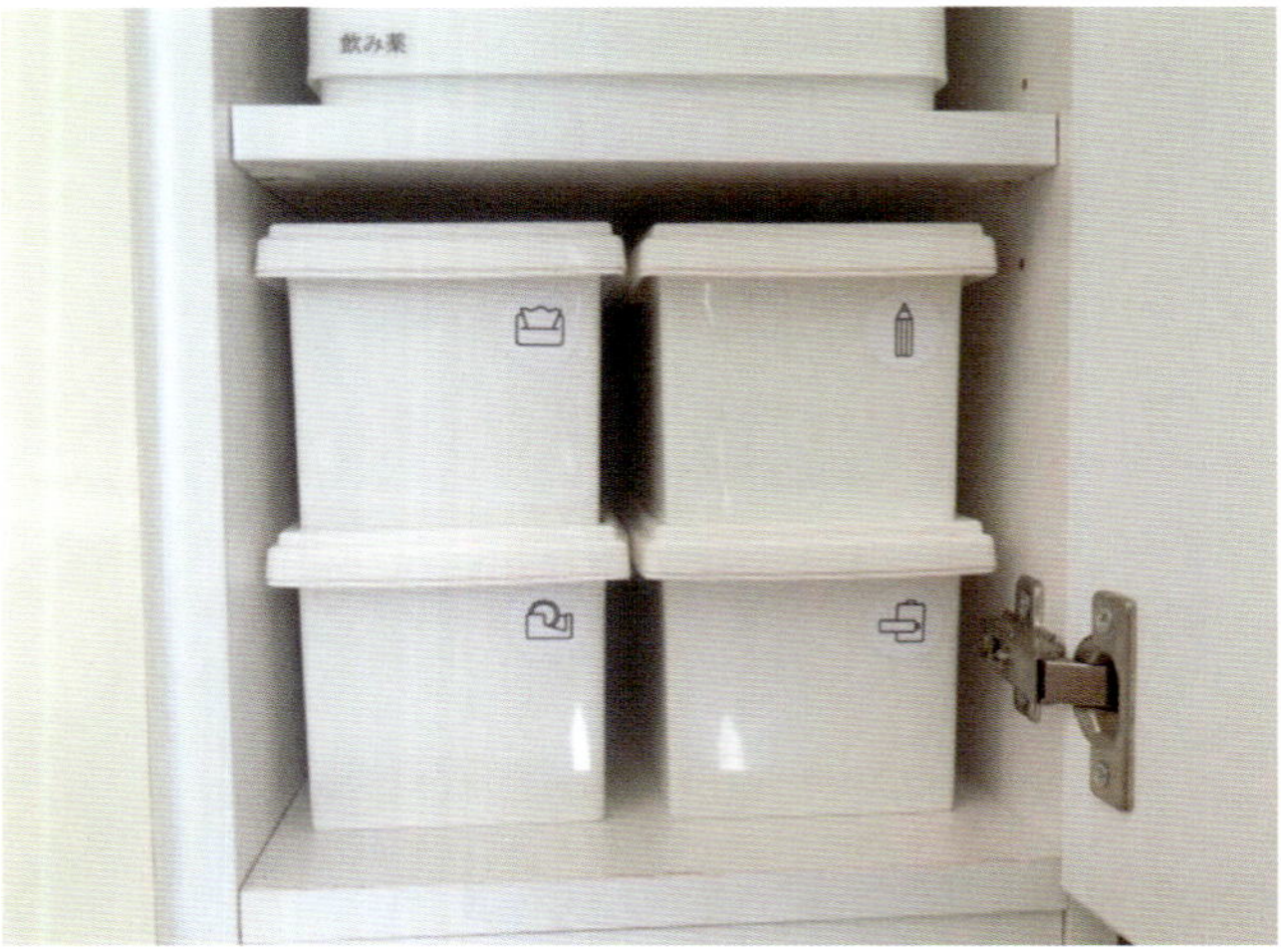

収納棚の小物収納。電池、ポケットティッシュ、両面テープ、文房具などはダイソーのふた付きボックスへ♡　こちらも「mon・o・tone」さんのアイコンシールを貼って、子どもにも旦那にもパッと見てわかりやすいように。出しやすく戻しやすい収納が一番リバウンドしない収納方法だと思う。

ホワイト化してすっきり

子どもたちが使う折り紙やお手紙セット、アクアビーズのストックなどは、それぞれまとめて、収納棚に立てて入れています1。子どもたちは使うときに持ってきて、片付けるときもポイポイッと入れてふたを閉めるだけなので、嫌がらずに片付けてくれます。

この収納棚が我が家のメイン収納2。ちょこちょこ見直ししているので、最初の頃に比べたらだいぶ変わりました。だいぶホワイト化したかな。子どもと旦那くんは一瞬で汚してくれるから、ある意味才能なんじゃないかと思う（笑）。

1

2

mini column お気に入りの収納

収納棚（P.39参照）とパントリー。それぞれ日々見直しをして、片付けを継続中です……。どちらも、家族で使う場所はラベルを貼り、高さや面、素材などをそろえて戻したくなる収納にしました。パントリーがあると、ゴミを置いておくことができるので、とっても便利!! 家を建てるときに、旦那は小さな書斎、私はパントリーが絶対に作りたかったところ。家を建てると、「こうしておけば」っていうところが出てくると思うけど、今一番思うのは自分の部屋を作ればよかったなってこと。

我が家の収納に欠かせないもののひとつが、無印良品のファイルボックス。ズラリと同じものが並んでいる感じが大好き。

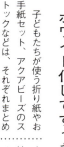

brooch.mさん 05

brooch.m

福岡県在住。子どものアレルギーをきっかけにマクロビオティックを「ORGANIC BASE」と「クシ（現ビオクラスタイル クッキングスクール）」で学び、季節に合わせた自然食を心掛けています。シンプルななかにも、温かみのあるインテリアを目指しています。

家族構成
夫、自分、長男13歳、次男11歳

住まい
3LDKの分譲マンション

▶ 収納・片付けについて
収納する入れ物を統一し、シンプルな収納用品を使うことを心掛けています。出したら元に戻すことを意識していますが、モノの定位置を決めておくと戻しやすく、ちらかりません。

▶ 収納・片付けの悩み
自分のものはどうにか断捨離できたとしても、家族のものは私のこだわりを押し付けるわけにいきません。本人たちに任せていますが、そうなるとやはりモノが多いのが悩みです（なかなか処分させてくれない）。

シンプルで温かみのある部屋を目指して。

Instagram user name
「brooch.m」
https://www.instagram.com/brooch.m/

▶ 2016年 10月 11日

その他

使ったらすぐ戻せる場所を作る

「無印良品週間」で追加したもの。デスク内トレー、ふた付き小物ケース。それぞれのアイテムの帰る場所ができると、使った後にちゃんとここに戻ってきます。

ハサミはみんなが一番使うアイテム。すっぽり、ぴったりケースに収まって気持ちよいです。

2016年 12月 08日

トイレ

トイレの吊り戸棚収納

トイレの吊り戸棚にはなぜか照明器具が……。ここにしか入らないので（笑）。トイレ掃除用の除菌シート、生理用品はセリアのホワイトボックスに収納。右下に見えるのは、無印良品のスプレーボトル。トイレ用洗剤を入れています。

普段トイレ掃除に使うものは、除菌シートと洗剤の2つだけ。床は毎日除菌シートで拭きます。上段のセリアのボックスには、何も入れてません。予備です。しばらく何も入ってない状態なので必要ないのかもしれないです。見直ししようかな。

2017年 01月 29日

リビング

買ってよかった2台目の掃除機

マキタ掃除機の定位置が決まりました！リビングです。かわいい佇まいと機能に毎日感謝しながら使ってます。とっても軽い！

仕事の日は、マキタで気になる所をさっと掃除。休みの日は「エレクトロラックス」でじっくり掃除。いいサイクルです。重い掃除機を出勤前に引っ張り出して掃除しなくちゃいけなかった日を思うと、もっと早く買えばよかったな。使える掃除機があるのにさらに買ってもいいのか……2年間迷ってたんですけど……（笑）。

家事効率の差は、私の場合、歴然。大切に使っていこう。

mini column 収納・片付けマイルール

1. モノはシンプルで長く使えるものを

使う道具自体も、シンプルな色味のものや長く使えるものを選ぶようにしています。

2. ざっくり収納を活用する

にぎやかなパッケージのものや、道具類を全てシンプルなものに買い換えるというわけにもいきません。表に出したくないそれらのアイテムは、中身の見えない収納ボックスにざっくり収納するようにしています。

3. 見せると隠すはメリハリをつける

全てを見せる収納にするのではなく、隠したいものと見せたいものとのメリハリをつけるようにしています。つまり、自分のお気に入りをきちんと選別することが大切です。

2017年 02月 07日

キッチン

引き出し収納もすっきり

キッチンの引き出しです。無印良品のアクリル仕切りスタンドでフライパンを立てて収納しています。アクリル仕切りスタンドは同じ3仕切りのものですが、幅が2種類あります。

幅が広いタイプ（奥側）にフライパンを収納し、幅がせまいほう（手前側）に玉子焼き器やミニフライパン、ワッフル器を収納しています。

同じく無印良品のポリプロピレンのメイクボックスには、ラップケースや薬ビンに入れた食洗器用洗剤、重曹液などを。我が家の保存容器は、全て野田琺瑯の保存容器です。保存容器はプラスチック素材でも琺瑯素材でもどちらでもいいと思うんです。とにかく同じシリーズでそろえるだけで、すっきりすることは間違いないです。

2017年 02月 14日

洗面所

まだまだ整理整頓中

洗面コーナーです。無印良品のガラス小物容器（中）に綿棒、ガラス小物容器（ミニ）にローションパックシートを移し替えました♩ この家に住んで2年経ち、引っ越し当初からするとかなり片付いたとは思います。が、まだまだお見せできぬ箇所もたくさんあり……。

きれいに整った箇所からポストしております。そう……とんでもない箇所もあるのでございます（笑）。整理整頓は好きだし、断捨離もがんばってはいるのだけど、やっぱり保留アイテムはまだまだ存在するわけで。

2017年 02月 24日 リビング

旅館のようなお茶セット

お気に入りのシェーカーボックス。お茶セットを詰めてみました。お客様が来たら、さっとこのシェーカーボックスをテーブルに置き、「どーじゃ!」とばかりにふたを開ける……なんてイメージしながら(笑)。

旅館のテーブルに置かれてあるお茶セットもこんな感じじゃない? ほっとするな。

2017年 03月 09日 その他

とりあえずのざっくり収納

ザ! イイホシユミコ コレクション!! コツコツと集めてきました。優しい色味が大好きです。今日は、どの色にしようかなー。選ぶときも楽しい。北欧ビンテージのビンやフォークもお気に入り。

アルミのバットには、これから仕分ける予定の郵便物や書類を入れています。とりあえずこの中に放り込んでおけば、お部屋やテーブル上はきれいです。溢れてきたら、必要なものだけを項目別にクリアファイルへ。大体溢れてきてからやる、ズボラパターン……(笑)。

子どもの持ち物を記録

大変身!! 我が家のスタッキングシェルフをキッズ仕様に。と、言いたいところですが、実は記録のためにディスプレイしたんです。

子どもたちも大きくなって、学校のものなど持ち物も増えてきました。そこで、子どもたちに必要なもの、不必要なものを選別させました。子どもたち……処分するものには「ありがとう」と声をかけながらゴミ袋に入れてました。小さいときの木のおもちゃは、私同様、子どもたちも思い入れが強いようで、「絶対に要る!」となりました。

mini column お気に入りの収納

キッチンとリビングがお気に入り。

キッチン用品で使用頻度の高いものは、すぐに使えるように壁に吊り下げ収納にしています。引き出しの中も道具を厳選して、仕切り用のケースを使って収納しています。

以前の住まいではモノをたくさん持ちすぎていたため、現在のマンションに引っ越してから、今の状態に整うまで2年くらいかかりました。

使いやすい吊り下げ収納を活用しています。

2017年 04月 03日　キッチン

キッチンの棚を改善

キッチンの作りつけの棚。「無印良品週間」でアクリル仕切り棚を追加しました。取り出しにくかったストレスから解放されました。下段の分が足りなかった……。また次回買い足すとします。

2017年 04月 08日　その他

新しい作戦で断捨離

先日、衣替えしながら洋服の断捨離をやってみました。ずっと処分できなかった洋服を、いつもは「①手にして②広げて③眺めて④またしまう」の繰り返しで、結局処分できずじまいだったのです。

が！　今回は、「今のあたし、これ似合うんかい？」作戦で着てみたんです。すると、まーあるトップスは立派な二の腕が見事にわかるし、はいてみたスカートはウエストが前より苦しい……（←太ったんですな）。そしてあるジャケットは……「おっ♥　これはまだいける！」など、ジャッジがしやすかったのです。

年齢とともに似合うものや好みも少し変わってきました。好きなものが似合っているとは限らない。今後も定期的に見直しをしていきたいと思います。

2017年 05月 12日 リビング

持ち運べるから使いやすい

本や雑誌をチーク材の持ち手付きの箱に入れてみました。集成材と違って天然木のしっかりとした作りの箱です。読書の時間は箱ごとソファーに移動させて、ソファーから一歩も動きませんよー。

右端の取り扱い説明書は、無印良品のファイルボックスに入れてます。インデックス付きの再生紙ホルダーも無印良品です。セリアのふた付きボックスも大活躍。スタッキングできるから好き。

2017年 05月 24日 キッチン

ぴったりの収納小物でご機嫌

キッチンの食材ストックについて。パントリーがあればなぁと常々思う。限られた場所に入るだけの量の食材ストックを入れています。

買い物するときに一度考えるようにして、増えすぎ防止。以前は大きなかごに入れていたけど、底のものが取り出しにくくてストレスでした。

なので、無印良品のホワイトグレーの収納ケース4個を棚に追加です。測ってるときからわかっていたけど、ばっちり棚に収まってご機嫌な朝です。

▶ 2017年 06月 07日

洗面所

ノーストレスの詰め替えボトル

洗濯洗剤の詰め替えボトルを1ℓのものに変えました。今までは無印良品の「入浴剤用詰め替え広口ボトル」に入れて使っていたのだけど、1ℓ入りの詰め替え用洗剤が一度に入らず、使いかけをストックしておくことに少しストレスを感じていたんです。

洗濯洗剤も毎日使うものだし、なくなるのも早い。仕事の日の朝に限って洗剤がなくなるんだな。小さな容器に焦りながら移し替えようもんなら、ドバーッとこぼすという……。そんなこともなくなりました。昔は、洗剤ボトルのかわいいのがなかったからなー。みんなきっと、こんなシンプルボトルを待っていたと思う。たぶん（笑）。

▶ 2017年 06月 21日

キッチン

冷蔵庫も容器を統一して

冷蔵庫は食材が届く前に庫内を拭き掃除しました。食中毒が増えるこの時期、「パストリーゼ」があると安心。キッチン回りや冷蔵庫をシュシュッとしてます。

冷蔵庫ドアポケットのジャグ4本。白いふた、スクエアの形で、隣同士がピタッと隙間なく置くことができて、しかも横置きもできる♪ ふたを外して、容器の底まで手が入るので洗うのもかんたん。容器が統一されるとすっきりして見えます。

▶ 2017年 08月 08日

玄関

靴箱収納もすっきり

一体何の写真でしょーか。正解は靴箱の写真です。家族4人分の靴の量が増えてきました。

子どもたちの靴のサイズも大きくなってきて、ますます圧迫。今回、靴を上下に収納できるグッズを発見。1段に入る数が増えてうれしい！ 上の空いている空間を生かせます。

この手の商品は以前も探したことがあったのだけど、ベージュや黒しかなくて迷ったまま。我が家の靴箱もとっちらかったままだったのです。今回の決め手は、見ての通りクリア！ 圧迫感が緩和されているような（？）気がします……。

mariさん 06

mari

出さない、隠す、しまうの収納ですっきり感を。

神戸市在住、30代の専業主婦。「モノは出さない」「隠す」「しまう」のルールで、すっきり感を出します。モノの出しっぱなしをなくして、掃除も楽に。家族に合った収納をすることが大切です。自分1人で片付けすると疲れるので、家族も自然と片付けできるように収納していきたいです。モノの住所を決める、外に出しっぱなしをしない、おもちゃなどのカラフルなものは収納ボックスで隠す、部屋の家具や収納ケースなどの見えるものは色を統一するなどを意識しています。

家族構成

夫、自分、長女9歳、長男6歳

住まい

2LDK賃貸アパート、築30年

▶ 収納・片付けについて

モノは人並みに多いですが、モノを外に出さず隠して収納するが基本。家族と共有で使うものは、ざっくり収納で家族も片付けやすく。キッチンなど自分の仕事スペースは動線重視で収納。

▶ 収納・片付けの悩み

7〜8割収納を目標にしていますが、子どもの成長とともにモノが多くなり、気付けば引き出しの中がパンパンになっていることもあります。いる・いらないを子どもと確認しながら、詰め込まない収納にしていきたいです。

➡ Instagram user name

「mari_ppe___」

https://www.instagram.com/mari_ppe___/

▶ 2016年 10月 16日　その他

クローゼットの断捨離

ただ今、クローゼット改造中。まだ熱が続いてる主人を巻き込み、大掛かりな断捨離してます。まだ9割片付けが残ってます。ボチボチがんばります。

2016年 11月 19日

キッチン

空間も利用して収納

コンロ下収納。空いている空間も利用し、適量収納、適所収納、少ない動作で疲れない家事を。また、鍋やボウルは積み重ねできるものを利用すると、すっきりとした収納に見せることができます。

2016年 12月 22日

子ども部屋

娘の宝物も収納

レゴ収納。娘の宝物。もちろんサンタさんのプレゼントもレゴ。これで自動販売機や宝箱やガチャガチャを器用に作っています。そんな娘は小3。テストもいい点数だと思っていたら、悪いテストは隠し持っていました。これで3回目。隠さないで見せなさいと怒ったにもかかわらず、また同じことを。怒られるのが嫌なのと、本人にもプライドがあるんだろうな。怒る私も悪いし、娘のことをちゃんと見てあげられない自分が情けないです。

2017年 03月 03日

リビング

収納ケースにせっせと

朝からせっせと地味作業。下の収納ケースの「Ｆｉｔｓ」のロゴ。家にあるもので消しました。

重曹＋水＋ラップを使って、跡も残らずつるつるになりました。無印良品の収納ケースは見た目がシンプルだけど、この頑丈なＦｉｔｓの収納ケースを使ってる人も多いはず！

左半分はおやつを食べてからやります。

2017年 03月 11日

キッチン

引き出しの中も小分けにして

キッチンの引き出し。2段目はタッパーやお弁当入れ。フォロワーさんに教えてもらったセリアの茶色いふた付きタッパーが、洗いやすくて使いやすいです1。

1段目にはキッチンクロスと主人のハンカチを2。

▶ 2017年 03月 21日

子ども部屋

娘の文房具収納

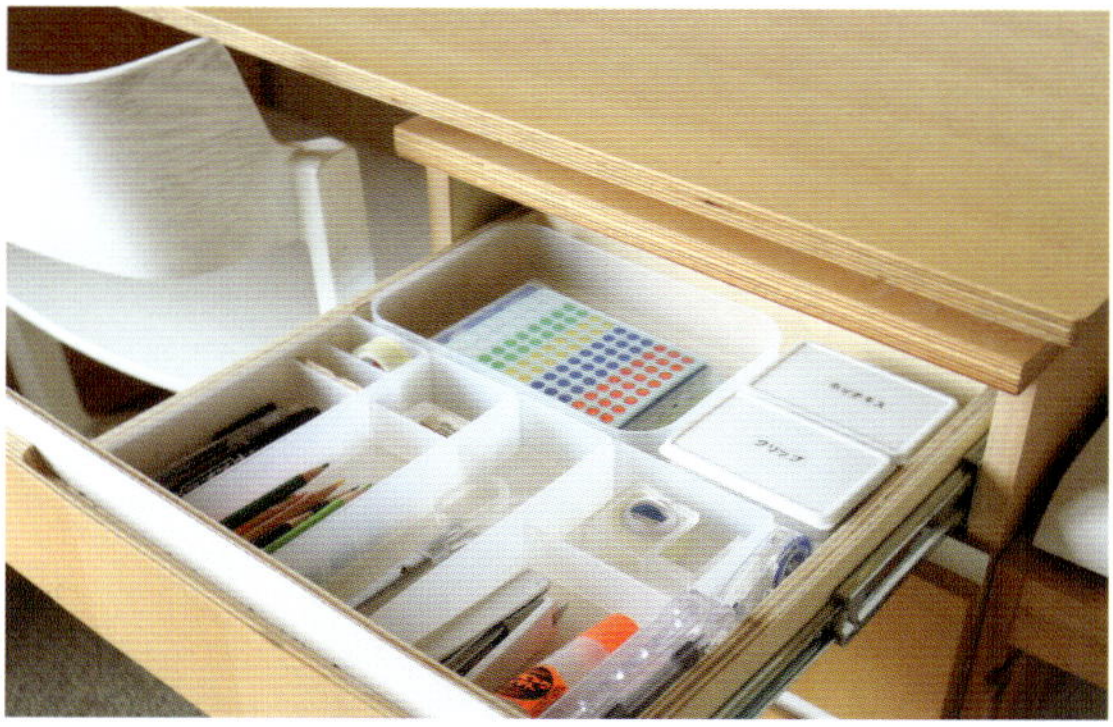

娘の机。「無印良品週間」で購入した収納ケース。今まで文房具を立てて収納してたんですが、まぁ～雑。ぐちゃぐちゃだし、底の汚れがすごい。ってことで、今回から仕切って収納。

この収納にして1週間。うまくいってます。

▶ 2017年 03月 31日

その他

初めて目線の高さに……

物置き部屋（2LDKの北側の部屋）。今まで2段だった本棚を4段にして、地震対策ですべり止めもつけました。

我が家初の目線高さの家具。これも新鮮。そして主人も喜んでる♬　娘も「こんなところにコンセントがあったんやね」って。アロマもつけてのんびりできちゃう。

まだ半分はカオス状態。引き続きがんばります。模様替え楽しい♡

▶ *mini column* 収納・片付けマイルール

1. モノの位置を決める

定位置を決めたら、共有で使うものにはラベリングはしません。定位置さえ決めていたら、ざっくり収納にしてポンポン入れるだけに。ファイリングに関してはラベリングしてます。

2. リビングに置きっぱなしにしない

各自の持ち物は自分の場所へきちんと戻し、リビングに置きっぱなしにはしません。特に散乱しがちな新聞は、扉付きのテレビボードの中に隠してしまえば、置きっぱなしを防げます。

3. 子どもの目線に合わせて

細かく分類はせず、子どもが見てわかりやすい収納に。ついついテーブルの上に置いてしまいがちなプリント類は、一時保管用のケースを用意して、その日のうちに仕分けるようにしています。

2017年 04月 02日

キッチン

シンク下収納の見直し

シンク下の中身。よく使うものを右側、使わないものは左側に。ゴミ袋の収納はクリアケースに1。何故か沢山ある。そのまま雑に入れるよりマシかな〜。新たに収納用品を買うより、身近なものを再利用しとこ。

収納を見直し2。セリアのドレッシングボトルに重曹と酸素系漂白剤を詰め替えしました。これもインスタグラムを参考に。ボトルの赤い目盛りも、ラップと重曹で消すアイデアを参考にやってみたら、見事に取れました。ティッシュケースには排水口ネットを入れて取り出しやすく。

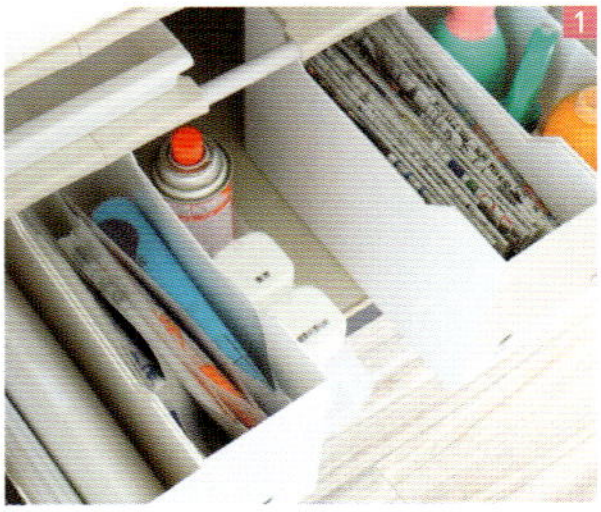

1

2

2017年 04月 04日

子ども部屋

娘のアイデアで収納を見直し

1

左側のおもちゃの棚の配置を変えてみました1。娘の意見。本は上のほうがとりやすい。なるほど。無印良品のアクリル仕切りも検討しましたが、本がボロボロなのでファイルボックスのほうが目隠しになって、これはこれでいいのかも。

2段目のかごにはペンや画用紙などを入れています2。3段目のソフトボックスにはおもちゃを入れて3。

2

3

2017年 05月 03日

その他

洗濯かごの活用方法

今日から大阪の実家へ。車移動なので、子どもたちの洋服は洗濯かごに入れて(笑)。

フレディレックは軽いし、沢山入って荷物の整理もしやすい。洗濯以外でも大活躍。では行ってきます。

2017年 05月 17日

キッチン

愛用中のタオルハンガー

冷蔵庫の横に付けたtowerのタオルハンガー。我が家は布巾用に。愛用して半年経ちました。これホント優秀。

今まで吊り下げ棚にかけたりしていましたが、見た目がね……。冷蔵庫の横だと見えないし、すっきり収納できる。ちなみに布巾はLOHACOで購入できる無印良品のものを愛用してます。

2017年 06月 18日 洗面所

子どもが使いやすい場所に

今日は父の日。うちの主人は2回目のお昼寝してます。父の日だから、私は何も言いませんよ。ゆっくり寝てくださいませ。

洗面所を拭き掃除したついでに、子どもの手が届きやすいようにタオルの場所を変えました。

ちなみにランドリーラックはベルメゾンです。廃盤になっているので同じものは販売していませんが、ベルメゾンデイズに似たものがあります。

2017年 06月 19日 キッチン

粉物の保存容器は

1年前から使い始めた「フレッシュロック」(上段の丸いものです)。1年前まで粉物の袋は輪ゴムで止めるかチャックで閉めるかだったけど、開けるたびに粉が落ちるのを見て見ぬ振り。フレッシュロックを使ってから、本当に使いやすくて自分に合ってます。

お好み焼きやたこ焼き用の粉物だけは使用頻度が高く大量に使うので、これだけは袋のまま保存してます。さすがなんちゃって関西人。下段の入れ物は朝食用、お菓子用、粉物用です。開けたら何が入ってるかわかるし、ネームシールはしてません。

念願の米びつ

米びつ。フォロワーさんのインスタグラムを眺めていて、ずっと欲しかったものです！ ようやくゲットできて、テンションが上がってます。

内ぶたも付いていて、しっかり密封されるところもいいですね。

mini column お気に入りの収納

キッチン、リビング、和室兼子ども部屋の収納。それぞれ、せまいなかでモノをとるときにあっちに行ったりこっちに行ったりで疲れてばかりでしたが、動かない、楽できる収納を考えるようになって、今の収納になりました。普段の家事をしながら考えて収納して、半年くらいで定着した感じです。

みんなが生活するリビングは特にお気に入りで、家具の配置もこだわりました。

収納は7〜8割を目標にし、それに合わせて家具スペースも7〜8割に。

家具の高さを目線より下にして圧迫感をなくし、家具の色も白、黒、木で統一しました。

動線に合わせて、無駄に動くことなく楽に家事ができるように見直したリビング。

TUULIさん 07

tuuli

モノトーンにこだわった、シンプルで美しい収納。

グラフィックデザイナー。インテリア・収納の著書が2冊あります。2006年にブログ「シンプルモダンインテリア？」をスタート。モノトーンにこだわったインテリアと美しく使いやすい収納を発信し、モノトーンブームの火付け役に。2009年より白黒雑貨専門のオンラインショップ「mon・o・tone」の専属デザイナーとして活動中。

家族構成

夫、自分

住まい

2LDKの分譲マンション

▶ 収納・片付けについて

美しさと使いやすさを両立した収納を心掛けています。私が目指している「さしすせその収納」は、サッと使えて、しまいやすい、ストレスのない、整理整頓された収納で、捜索（探し物）ゼロの家にすること。インテリアも日用品も収納用品も白やシルバーで統一することで、整った印象に。

▶ 収納・片付けの悩み

現在のマンションに住んで生活動線に適した収納方法・持ち物の見直しを繰り返して、悩みはほぼなくなりました。

Instagram user name

「4696tuuli」

https://www.instagram.com/4696tuuli/

「シンプルモダンインテリア？」

http://blogs.yahoo.co.jp/tuulituulituuli/

▶ 2016年 11月 21日

キッチン

キッチンの引き出し収納

先日、キッチンのワークトップから試験的に調味料台を撤去しました。3週間試してみた結果、視覚的にもすっきりするうえに、とにかく掃除がしやすい！　ということで、このままの状態を維持することにしました。調味料やキッチンツールは引き出しに。

シンク側の一番下の引き出しには、掃除道具やゴミ袋類、ストック類をまとめて収納しています。引き出しを開けたら必要なものがひと目でわかり、ワンアクションで出し入れできるのが理想なのですが、バラバラになりやすい小さなもの・出番の少ないものだけ2アクション収納に。

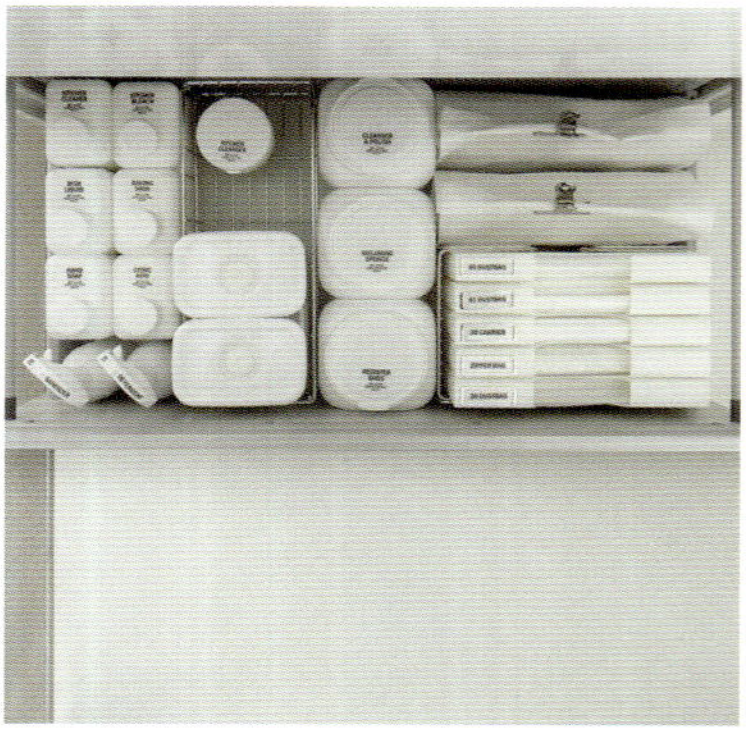

2016年 12月 28日

リビング

買い物のルール

家電は場所をとるので普段からできるだけ増やさないようにしているため、我が家には扇風機などの季節家電はありません。もしも家電を買い足す場合は収納方法・収納スペースを真っ先に考えるべきと思っています。

雑貨や家具を減らすメリット、収納スペースを減らすメリットを激しく実感した2016年でしたが、「何も買わない」というのは難しいので、「頻繁に使うものの買い替えのみ出費OK」というルールを決めています。モノを増やすことなく、より快適に家事・仕事ができるようにしています。

2017年 01月 20日

キッチン

普段使いの食器を買い替え

普段使いの食器は、長い間白と黒でそろえていましたが、色々と不満な点が多かったため、昨年末に思いきって全ての普段使いの食器を買い替えてしまいました。

今度こそ失敗したくなかったので、食器選びは慎重に時間をかけてチェック。重ねやすく収納しやすいことも非常に大事なポイントでした。

そんなこんなで選んだのが、こちらのグレーの食器たちです。今まで引き出しにぎっちり詰まっていた白黒食器が……量が半分になってすっきり。余白が増えて取り出しやすく片付けやすくなりました。

2017年 02月 07日

その他

薬の収納をノーストレスに

絆創膏や痛み止め、胃薬などの常備薬の収納を見直し。これまで使っていたシガレットケースはサイズ的な問題がストレスだったので、最適なサイズのケースを作ってしまいました1。

一般的なポケットティッシュくらいのサイズで、厚みは4㎝以上あります。錠剤やカプセルがまるまる1シート余裕で入るし、注意書きの紙も入れておけます。サイズ違いの絆創膏も1箱にたっぷり収納可能2。

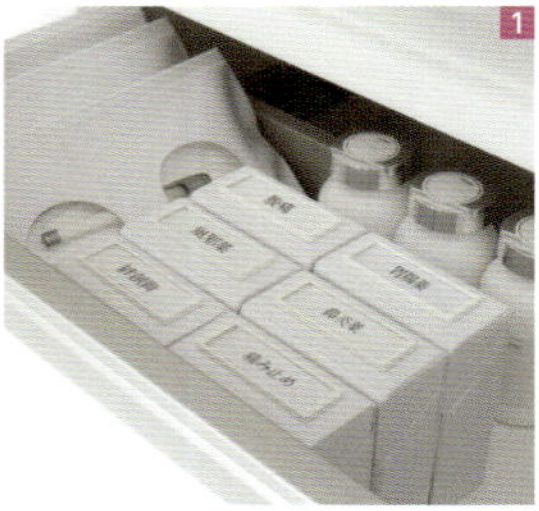
1

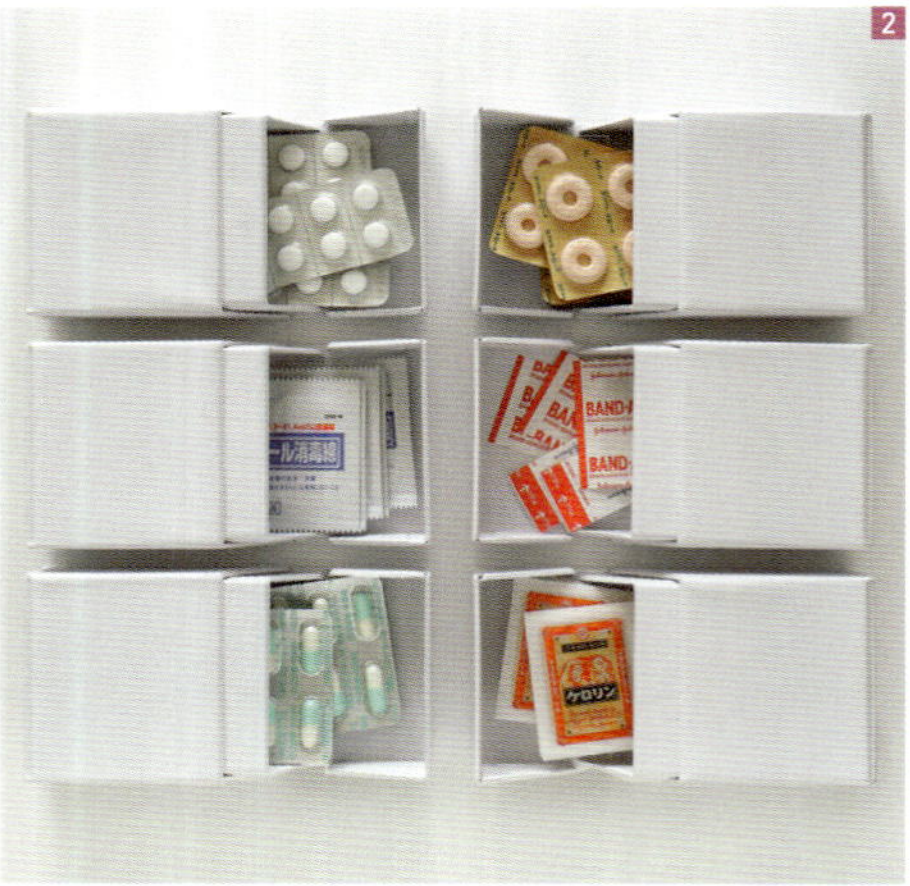

2

2017年 03月 09日

洗面所

収納家具ごと見直し

洗面台右側の壁に取り付けていたIKEAのウォールシェルフを丸ごと撤去することに。撤去後、タイル柄のシートを張り替えて、すっきりさっぱり気持ちのよい空間になりました1。今までウォールシェルフに置いていたものは、全て壁面収納に収まりました2。以前はガラス棚の上も収納扉の中も引き出しの中も飽和状態だったけれど、家中のモノを見直して少しずつ減らしてきたことで、最近は収納家具自体が不要な場所があちこち出てきました。

せまくて収納スペースも少ない我が家ですが、思いきって収納家具ごとなくしてしまえば、開放的で気持ちのよい空間を得ることができるんだな〜としみじみ感じた次第です。

1

2

▶ 2017年 04月 01日

その他

プチDIYで便利に

ハンガーは以前からIKEAの白いハンガーでそろえています。型崩れしにくい、服を増やさない努力がしやすいなどの理由で、あえて厚みのあるハンガーを使っています。

同じIKEAのハンガーを使って、統一感のあるスカーフ収納を考えてみました。IKEAのカーテンリングセットを使って、ハンガーの下の棒に等間隔になるようにクリップを付けます。あとはフック部分にカーテンリングを掛けるだけ。リング部分だけをかんたんに取り外せるので、スカーフを使うときも戻すときも楽々。クリップが固定されていて横にズレないので、ハンガーが斜めにならないのも快適。

▶ 2017年 04月 07日

その他

ワンアクションで使える収納

掃除道具は、今までキッチン脇の収納庫にしまっていました。ハンディモップ以外の道具は全部引き出しの中に収納していたので、扉を開けてさらに引き出しを開けるという2アクション。

わかりやすく使いやすく、ワンアクションで出し入れできるように収納方法を変えることにしました。よく使う掃除道具をリストアップして、サイズと形状をチェック。扉を閉めても棚板にぶつからない場所を選んで、扉の裏側にワイヤーバスケットとフックを付けました。衣類用コロコロ、ハタキ、カーペット用コロコロ、ハンディモップなどが全てすっきり収まりました。

▶ *mini column* 収納・片付けマイルール

1. よく使うものはゼロアクション、ワンアクションで出し入れ可能に

2アクション以上の収納はリバウンドの原因になるので、扉や引き出しを開けたら必要なものがひと目でわかり、かんたんに元に戻せる収納を心掛けています。

2. 生活動線や使用頻度を考慮した収納に

収納場所=使う場所に限定し、同じ用途のものを複数持たない。スペースを空けて出し入れしやすく、高い位置にある棚など、使いにくい収納場所は無理に使わないようにしています。

3. 誰が見てもわかるようにラベリングする

間違えたら困るもの（調味料や薬など）は日本語でわかりやすくラベリング。また、ラベルのデザインはできるだけシンプルにして、すっきり見えるように。

2017年 04月 11日

キッチン

毎日使うものは便利なのが一番

2年ほど前まではかなりゴチャゴチャしていた我が家のキッチンですが……、現在はこうなっています。

大小のフライパンと片手鍋は毎日のように使うものなので、引き出し収納だとやっぱり不便。壁面に頑丈にフックを付けるのはビス留めが一番だけど、タイルに穴は開けたくないし……と長い間考えた結果、超強力マグネットに頼ることにしました。耐荷重は、まさかの10kg！ 90度ひねりタイプのS字フックも一緒に使って、快適収納が実現しました。

2017年 04月 15日

その他

クローゼット収納の時短効果

スカーフ収納を見直したおかげで、スカーフなどが選びやすく使いやすく戻しやすくなっただけでなく、IKEAのグレーボックスの数も減ってすっきりしました。

今まで白・黒・グレーだらけだったクローゼットに、昨年あたりから徐々にベージュが増え始めまして、めっきり春らしい雰囲気に。昔、端から端まで服がぎゅうぎゅうに詰まっていたときよりも、選ぶのも戻すのもグンと楽になって、外出時にコーディネートに悩むことも減り、色々な面で時短できるようになりました。

快適さを求めてDIY

使用頻度の高いボールペンやハサミなどの文具1軍選手は、ゼロアクションで使えるように見せる収納にしています。パソコン回りで必要なもの（2軍）は、デスク右下の引き出し（IKEAの「HELMER」）に収納しています。

この引き出し、サイズとデザインを重視して選んだのですが、使用感が悪く、手を加えることにしました。スチール製ゆえの金属音と内部の穴を改善1。グレーのベロア風リメイクシートを貼って、内側だけジュエリーボックスみたいに(笑)2。想像以上に快適に収納できるようになりました！

mini column お気に入りの収納

2015年にキッチンをリフォーム。使いやすさ・収納しやすさを考えて、システムキッチンと背面収納をオーダーしました。その後の2年間でこまごまとした見直しを繰り返し、ストレスのない収納が完成。日用品・消耗品ストックを収納しているリビング収納は、2006年の入居時から大きな変化はほとんどありませんが、2017年4月に掃除道具の収納方法を一新し、より快適になりました。

キッチンもモノトーンで、考え抜かれた収納に。

必要なものを知ってすっきり

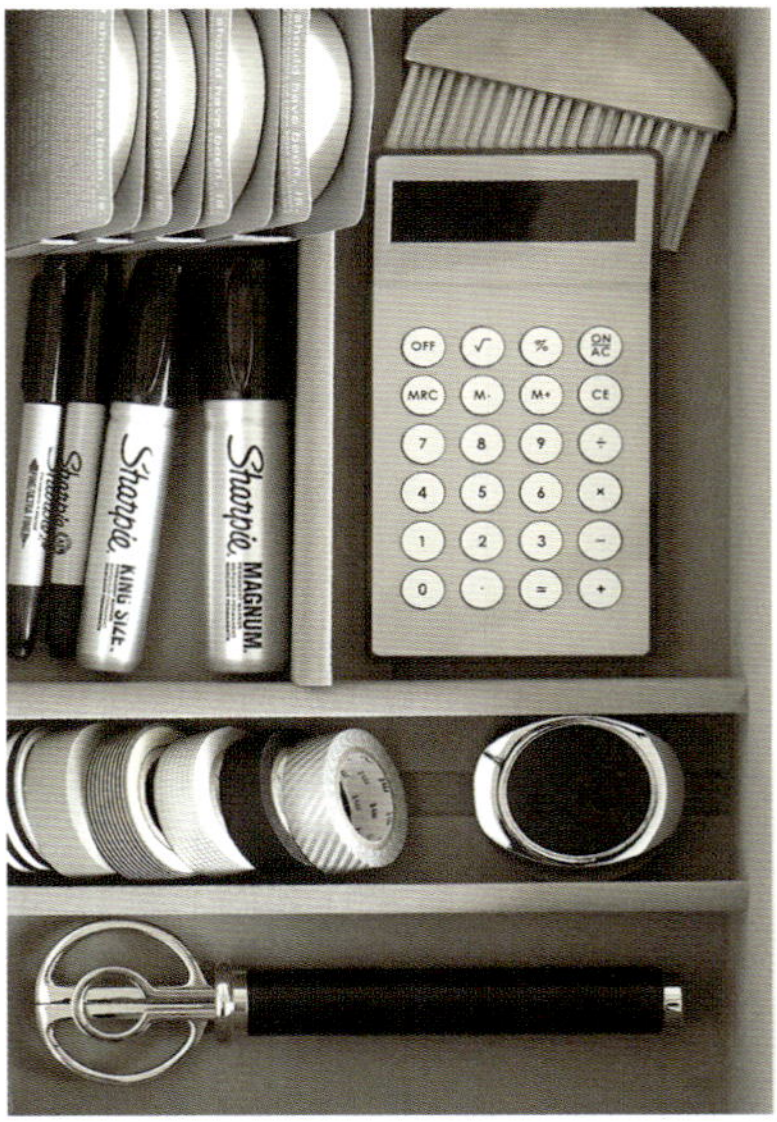

スチール製の引き出しをリメイクしました。中身をザッと紹介させていただきます。

引き出し1段目には、システム手帳&ボールペン、メガネ、請求書、領収書、ハンコなど。引き出し2段目には、カメラケースやバッテリー、電池、カメラなど。

自分に必要なものと不要なものがわかったので、3段目の引き出しもだいぶすっきり。両面テープ、マーカー、電卓など。昔必死に集めていた白黒のマスキングテープも、出番はそれほど多くないことに気付き、半分くらいに減らしました。

用途ごとにセットにして

キッチンのカウンターの右端、2段目の引き出しは生活動線上、とても使いやすい場所なので、よく使う日用品を収納しています。

引き出し内の左半分は前と変わらず、薬・救急セットを入れています。メガネZippBagにはマスク、体温計、お薬手帳のほか、塗り薬、湿布、使い捨てカイロなどを用途ごとに分けて収納しています。

サプリメント詰め替えボトルには、ビタミン剤などを入れています。ワイヤーバスケットには、衣類のお手入れ用品や梱包用品をまとめて収納。バスケットごと持ち運べるので便利です。

▶ 2017年 05月 19日

その他

念願のパソコン用スタンド

現在のパソコン環境にはおおむね満足していて1、もう改善の余地はないような気がしていたのですが、ひとつだけ昔から気になっているところがありました。

それは、iMacのスタンド下に置くための台でした。以前からディスプレイをもう少し高い位置にしたいと思って、色々と物色していたのですが、やっとデザインを損なうことなく、すっきりスマートに丁度いい高さに変更可能に！

iMacのスタンドと全く同じ質感・形状なので、最初からくっついていたかのような違和感のなさ2。場所を取らないのもうれしいポイントです。

▶ 2017年 06月 20日

キッチン

重ねる収納の使いにくさ

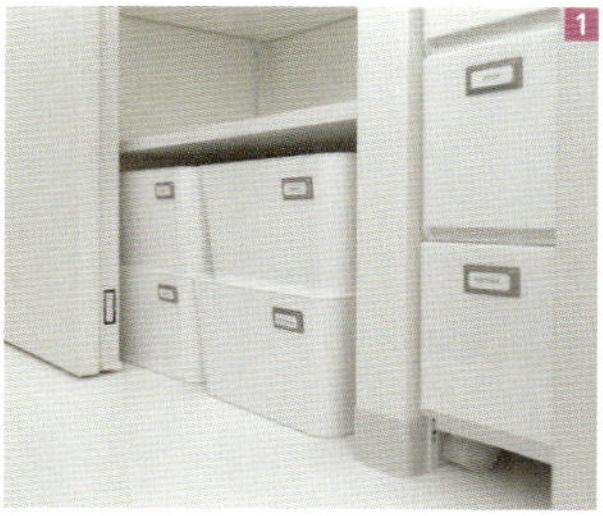

夏に向けて食器棚も衣替え。春夏に出番が多いガラス食器や白い食器を使いやすい場所に移動しました。背面収納の最下段もチョコッと変更。

キッチンをリフォームした直後（3年前）は、IKEAのふた付きボックスを重ねていましたが1、やっぱりすごく使いにくくて、とうとうギブアップ。ふた付きの箱を重ねる収納方法はストレスが多すぎます。というわけで、キャスター付きの収納ボックスに買い換えました2。

あゆみさん 08

ayumi

「めんどくさい」がないように、動線を考えて。

夫と3歳の娘と九州にて3人暮らし。週5日でパート勤務している20代の主婦です。家事は平日に行い、休日は家族と過ごす時間を大切にしています。過去9回の引っ越し経験があり、現在も転勤族のため、引っ越しのたびに家族が使いやすい収納を考えています。出産を機に「子どもがのびのびと暮らせる家」にしたいと1年で断捨離をして、整理整頓された家で掃除、家事がしやすい家作りを目指しています。

家族構成

夫、自分、長女3歳

住まい

2LDKの賃貸アパート

▶ 収納・片付けについて

収納用品は背景色と同じ色を選ぶようにしています。色が多いとごちゃついて見えるので、色数を抑えるため死角を最大限活用。「あれどこ?」と聞かれないように、誰が見てもひと目でわかるようにラベリングしています。使うときに必要なものが全て同じ場所でそろうように、動線を考えて収納。使いにくいと感じたら即収納を考え直すようにし、収納場所が変わったら必ず家族にも意見を聞くようにしています。

▶ 収納・片付けの悩み

もらい物の収納。自分で買うものは必ず収納場所を考えてから買いますが、もらい物を収納する際には毎回悩みます。

Instagram user name

「ayumi._.201」

https://www.instagram.com/ayumi._.201/

▶ 2017年 01月 26日

キッチン

食器はセットにして収納

食器の収納はこちらのみです。冷蔵庫横、上から食器収納、電子レンジとその横にトレーとまな板、オーブントースター、娘の食事用エプロンとランチョンマット。写真には写っていませんが、引き出しにはカトラリー収納、一番下の扉の中にはホームベーカリーとミキサー、リユース用の牛乳パック。

収納の工夫は特にありませんが、奥の食器が取り出しやすいように茶碗と汁椀セット、豆皿と小鉢セットをトレーにのせています。

2017年 02月 03日

キッチン

お手伝いしやすいように

夜ごはんの準備のときは娘にも手伝ってもらいますが、どのカトラリーをどう持っていってもらうか、指示がなかなか伝わらないことがよくあります。

そこで一番右に、その日使うセットをまとめて用意しておくことにしました。使用頻度が高いものだけをまとめておくと使いやすくなります。ケースはそのまま食卓に出してもいいような、木のものに変えたら箱ごと持っていけるかなぁと妄想しています。

2017年 02月 05日

その他

使い勝手よく収納を変更

最近クローゼットが荒れ気味だったので少し変えてみました。娘の上着をよく見える場所に移動。

来客時以外、クローゼットの右半分は開けっ放しにしていることが多いのですが、気付いたらモノを置きっぱなしにしてしまって。右側に置いていた茶色の収納ケースを左側に移動しました（置きやすかったんだ、これが。腰の高さで）。

これでまた少し様子をみてみようと思います。ライフスタイルの変化や使い勝手が悪いときには収納も柔軟に変更を。

2017年 04月 13日

子ども部屋

成長に合わせた収納

晴れの日は家事がはかどる！ 保育園のお迎えを15時にしておいてよかった!! 娘、登園4日目にして初めて泣かずに行けました。まだまだ葛藤はあるようで、服に着替えるときや教室に向かうときはすごーくグズグズになってしまいますが、3歳児なりにがんばってるんだなーと思うとじーん……。とはいえ毎朝着替えてくれないとイライラしてしまいますが。

子どもの成長に合わせて、おもちゃ収納は変化させています。全体の色は白とナチュラルに決め、子どもの身長や遊び方に応じて高さを変えたり、収納方法を考えなおしたりしています。

2017年 04月 21日

その他

空間をムダなく利用する

1週間終わりました。長い長い1週間でした。保育園に入ってから毎朝毎朝大泣きの娘。寝言でまでも「行きたくない」という娘を無理やりカーディガンから引きはがして先生に預ける、そんな毎日。

まだ預けるの早かったかなとか、ほかの園だったらよかったのかなとか考えながら、私も仕事だから終わったら慌ててお迎えに。自分の子どものときもそうだったのよ、と涙を流しながら話を聞いてくださる保育園の先生に今日は何だか救われました。

一般的に使いにくいと思われているクローゼット両端の空間も、収納する向きを変えてみるだけでとても使いやすくなります。ここには子どものアウターとバッグを収納。ちょうどリビングからは死角になるし、お出かけ前にはここで娘も自分で身支度をしています。

mini column 収納・片付けマイルール

1. 収納するものが決まってから収納用品を買う

まずは自分の持ち物の見直しから始めます。不要なものをなくし、本当に必要なものだけを残す作業です。整理をする前に収納用品を買うと、かえってモノで溢れることになりかねません。

2. 個人ごとの収納には口出しをしない

家族それぞれが使いやすい場所に専用の収納場所を作り、自分で管理。ここに関しては、他の人は一切手出し・口出し禁止です。

3. まずは片付けやすい仕組みを作る

片付けしやすい動線上に収納の定位置が決まっていれば、意識しなくても無理なく片付けの習慣がつき、自分も家族もずっと楽になります。

2017年 05月 31日　リビング

書類を探さなくて済む収納

我が家の情報ステーション。ここには書類や日用品ストックが全て集まっています。私が不在でも主人が1人で探せる収納を目指して考えた場所。全て詳しくラベリングしてあるので、「あれどこ?」が一切なくなりました（ストレス軽減）。とにかくわかりやすい書類の収納システムを！　1種類ずつクリアファイルに入れて、19ある全種類をひとつのファイルボックスに。これだけで完了。1〜19までの数字インデックスを貼り、「もくじ」代わりのリストをファイルボックスの前面に。これで格段に書類探しが楽になりました。

2017年 06月 05日　キッチン

朝の隙間時間で収納を変更

仕事前にラグの洗濯とシンク下の見直しを。右下の部分がどうにも使いにくかったから、家にあるもので収納の変更。家にあるものだけでできた達成感。

この写真を撮った後もまた少し変更して、断捨離もできました。自分比で、さらに使いやすくなりました。

2017年 06月 22日

子ども部屋

増え続けるおもちゃの整理方法

おもちゃ収納は私がノータッチでも、ほとんどちらかってることがなくなりました。整理収納教育を勉強して、親は環境を整えてあげることがすごーく大切なんだと感じました。

増え続けるおもちゃの整理法をよく聞かれます。結論からいうと、一旦隠す。我が家はこのやり方です。私にはゴミのようなものでも、娘にとっては宝物のようなものもあるわけで、勝手に捨てては怒られます。

整理するときは、まず全てのモノを出して要・不要を分ける→不要なものを減らす→収納する。減らすときは「どれをお友だちや赤ちゃんにあげて、どれを使う?」と聞いています。

自分でわからないときは、最近使っていないものを私が判断して、一定期間隠す。「あのおもちゃどこいった?」と3カ月聞かれなかったときには、手放すようにしています。

2017年 07月 06日

洗面所

使い回せるたらい

保育園から大量に持ち帰る洗濯物を洗いやすくするために、フレディレックのたらいをお迎えしました。持っていたランドリーバスケットにスタッキングできるし、赤ちゃんの沐浴にも使えるし、足湯もできそう!

洗剤は梅雨の期間だけ、室内干し用ジェルボールをお試し中。ほとんど浴室乾燥を使うのであまり効果はわかりませんが、ジェルボールはポンッと洗濯機に入れるだけでいいので手軽です。

野田琺瑯の取っ手付きストッカーは、キッチンだけでなく収納にも使っています。

2017年 07月 13日

その他

実は使用頻度が高い防災グッズ

防災グッズを見直しました。防災グッズは実は使用頻度が高いもの。いつでも使う可能性があるものなので、すぐ取り出せる場所に置いておく必要があるからです。

私は年2回、3月と9月に見直しています。前回ラジオと携帯充電器が用意できていないことに気付いたものの、そのままにしてるのを思い出して。

これにプラスして、携帯充電機能、サイレン、ライトが付いたラジオ、「えいようかん」、レトルトのおかゆ、マスク、簡易トイレ、紙コップを追加します（ただいま注文中）。保管場所は玄関靴箱上から、一部を車に移動させます。

2017年 07月 17日

キッチン

買い物のルール

戸棚を換気中〜。食器を11枚断捨離しました。使っていない食器って案外多くて。どの食器をアップデートしたいか決まったので、今度4枚買い換える予定です。

買いたいものが決まったら条件を書き出して、いくつか候補を挙げて絞る。マイノート上で、この過程を経てから購入しています。

候補を挙げて絞るときには実際に持っている方のレビューを参考にしているので、私もブログでレポート的なことをしたいなぁと思いつつ、早数カ月。なかなかブログができ上がりません。

なくてもいいと思っていたけど

梅雨の湿気に負けた主人がどうしても欲しいと言った除湿機。私はなくてもいいと思ったんだけど買いました。私はなくてもいいと思ったんだけど（2回目）。

でも買ったらすごーく便利！　浴室乾燥よりも安く室内干しができます。夜のうちに洗濯を干してもらって朝取り込む！　最高です！

私はなくてもいいと思ってたんだけど（3回目）、買ってよかった。

mini column　お気に入りの収納

収納を考える前はモノを詰め込んだだけだった洗面台下ですが、収納計画をしっかり立てて決めたので、リバウンドなくきれいを維持できています。収納するのに1週間かかりました。

まず全部モノを出して、明らかに不要なものを処分。収納したいものが決まったら収納箇所のサイズを測り、ノートに記入。そして家にある収納用品が使えるか試し、足りなかった収納ケースのみ購入してモノを収納していきました。

取り出しやすいように引き出しを入れ、ワンアクションでとるため、収納用品を重ねないように工夫しました。

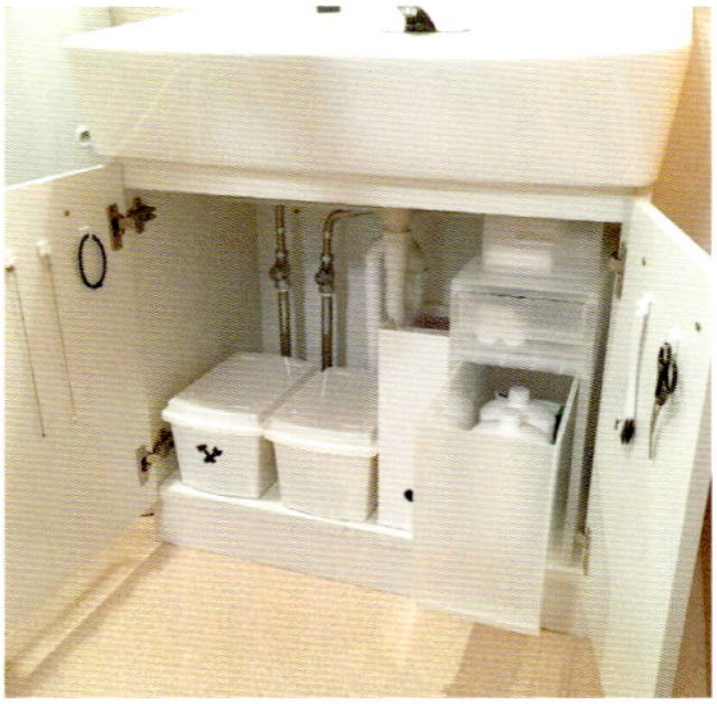

扉裏も吊るす収納で活用。

2017年 07月 29日

洗面所

日用品の買い足しは収納場所から

日用品は毎月初めに1回、ネットでまとめ買いしています。大体3000円分くらいですが、ティッシュや洗濯洗剤を買う月は5000円くらい。

4カ所の収納場所を確認しながら、今月なくなりそうな分だけ注文しています。近所のドラッグストアのほうが安いのでは？と思っていた頃もあったのですが、ポイントがつけば変わらない、月1回だけ日用品をチェックすればいい、ついで買いがなくなった、重いものを運ばなくていい、という点で私には向いているようです。

2017年 08月 20日

キッチン

野菜も使いやすく収納

根菜の収納。玉ねぎはネットに入れて外に吊るし、じゃがいもやにんじんはスチールラックの最下段に。ニトリのインボックスにスタックストーのバスケットを入れて。水で洗えて食洗機でも洗える！ ささくれも出ない！ ボックスにぴったり収まる！ と、北欧風の便利なバスケットです。

uryaaaさん 09

uryaaa

30代、大阪市内在住の主婦です。帰りの遅い夫を待つ間の暇つぶしに始めた、インテリアや収納の見直し。見直しをしたことで、古い家具や和の道具をあらためて好きになりました。人だけではなく、ペットも暮らしやすいよう心掛けています。

家族構成

夫、自分、トイプードル

住まい

3LDKの分譲マンション

▶ 収納・片付けについて

動線を考えながら、見栄えもよくすることを心掛けています。出しすぎず、しまいすぎずがモットー。出しすぎるとごちゃごちゃするけど、しまいすぎるときっちり片付けないといけないので、ストレスになります。よく使うものは見せる収納にし、使わないものはしまう収納にしすることで、自然とモノが元の場所に戻るようにしています。

▶ 収納・片付けの悩み

特にありません。

出しすぎず、しまいすぎずをモットーに。

Instagram user name

「uryaaa」

https://www.instagram.com/uryaaa/

▶ 2016年 09月 21日

キッチン

カラフルなものは色をそろえて

保存袋やポリ袋など、詰め替えたりしないもの。どうしてもカラフルになるものは、色をそろえて収納するだけで、全部隠れていなくても意外とすっきり！

あと、うちはもともと箱についている取り出し口は使わず、箱の横を切って収納しています。これならファイルボックスに立てて収納しても、寝かせて収納しても取り出しやすいです！　ってすでにやってる人は多いかもなので、記録用に……。

2016年 10月 14日 その他

衣替えしやすいクローゼット

扉をガシャガシャ開けなくていい、むき出しのクローゼット。これのおかげでその辺にポイッと置いてしまいそうなものも、洗濯し終わった服もササッとしまえて衣替えもしやすい。ひとまず自分の分の衣替え完了！

2016年 10月 31日 キッチン

ひらめき自作アイテム

とつぜんひらめいて、端材を集めて作ったスタンド。まな板や竹ザル専用の棕櫚たわしと、器などの水きりに使っている竹ザルを吊るします。

試作品で改良点を見付けて仕様変更しました。高さを変えて横長にして、布巾をかけられるようにしたのと、脚も自立するようにきちんと制作。自分でどうにかしてどうにかなったときって、かんたんに買い物したときより満足度がハンパない気がする。

▶ 2016年 11月 17日

キッチン

2人暮らしの食器収納

メインの器。2人暮らしでこんなにいらんやろーとも思いますが、これがないと全くごはんを作る気になれないので(←極端)。私にとって、なくてはならないもの。

おしゃれな収納とはちょっと違うけど、重ねないから割れたりする心配もないし、何より出し入れしやすいからお気に入り。

▶ 2016年 11月 18日

キッチン

使わなくなったアイテムを再利用

食器棚を片付けたときに使わなくなった折りたたみラック。収納を変えるときは余ったものをどこかで使えないかとうろちょろするんですが、そのときにひらめいたのがコレ!

スライド式の既製品の棚は奥のものが出し入れしづらいのと、鍋を入れるときに高さが合わない……。いつも適当に場所を変えて無理やり入れていました。このラックを使うことで下の部分には鍋やサラダスピナー、高さのあるビンをそのまま入れられるし、上の部分には100均の浅いバットでこまごましたものを収納できるので、奥のものも出し入れしやすい。

ちょっとしたことやけど思わぬところでピタッ! とハマってかなり気持ちいい。

▶ mini column 収納・片付けマイルール

1. 元に戻りやすいインテリア作り
何となくではなく、動線を考えてきちんとモノの置き場所を決めていると、自然と元の場所に戻るようになります。

2. その場所で使うものはその場所に収納
同じカテゴリーのものは同じ場所、もしくは近いところに収納するようにしています。例えば、帽子やアクセサリーやバッグやコートなど。外出に必要なものは同じ場所に収納し、全てそこで準備できるようにしています。

3. 片付けしすぎない
よく使うものは出していたほうが使いやすかったりするので、モノ選びのときから、見せる収納にすることをある程度考えています。

2017年 03月 08日

キッチン

詰め替えビンはローテーションで

全部同じデザイン同じサイズにしなくても、ある程度見た目がそろっていれば、適当でもきちっとして見えるし使い勝手もいい。

ここはその都度入れるものによってビンを選んで、使いたいサイズが空いていないときは小さめのビンに移し替えて、グルグル回転して使うかなりの適当さ。そして食材が見えていると料理をやってます！ 感が出るから、それも好き。

2017年 05月 09日

キッチン

出しやすく、戻しやすく

少し前に、鈴竹（文庫）を使って、台所でこまごましがちなものを収納できるようにしてみました（ぜいたく使いしているようですが、これはふたと本体を別々に使っています）。ふたをしていないので、さっと引き出してさっと戻せます。面倒くさがり屋にはこっちのほうがいい！

そしてどうでもいいけど、気軽に買えないお菓子は賞味期限ぎりぎりまで、もったいなくて食べられない貧乏性……（笑）。そんなことをしてたら、賞味期限切れ前に慌てて食べることになるから結局もったいない。

2017年 05月 18日

洗面所

洗面所は清潔感が大切

「森、道、市場」で購入したかご。ひとつは洗面所へ。白×白は清潔感増し増し。

余談ですが、うがいをするときはコップやカップを使わずに生活していました。特に困ることもなかったので今までずっとそうしてきましたが、別のところで使っていた野田琺瑯のカップが空いたので試験的にうがい用に！ そして数日……こんなに目立つところに置いてるのに、気付けば手で水をすくってる〜。慣れって怖い！ でもこの感じが好きなので、体を慣れさせていきたいと思います。

2017年 05月 29日

キッチン

食器棚に棚板をプラス

食器棚の下段の板を使って、上段の棚を一段増やしました！ これで重ねて置いていた大皿もすっきり整列。

下段には小さい引き出しと、お弁当箱や水筒類をかごにガサッと入れて適当収納。これで完璧やと思いきや、引き出しの取っ手のせいで左側は閉まりません。惜しい（笑）。

カトラリー収納

よく使うカトラリーは、種類別に容器を分けて収納しています。ガラスは汚れたらすぐにわかるし、実験容器は頑丈でちょっとやそっとじゃ割れないので、カトラリー立てにぴったり。

▶ mini column お気に入りの収納

キッチンとダイニングがお気に入り。使いづらければ変えて、を繰り返して今にいたります。そのときの生活の状況、季節（冬によく使うもの、夏に使うもの）を考えて、収納の模様替えをしています。その後、キッチンは色々と模様替えをして、気が付けばこの状態。下半分は外遊び用に購入したアイアン棚と、シルバー×黒が多めなディスプレイにしたため、珍しく男前キッチン風になりました。

木や竹などの素材を使うことで、男前でも温かみのあるキッチンに。

makishi makishimaさん 10

makishimakishima

隠すと見せるのバランスをとりながら。

埼玉県在住の30代主婦。子どもがいてもすっきりシンプルに暮らしています。収納は使いやすくを第一に、見えるところはインテリアになじむ収納を心掛けています。基本的なことですが、使ったらすぐ元に戻す、ダイニングテーブルにはなるべくモノを置かないと決めています。行動範囲の中で手の届きやすいところに収納を設けたり、すぐにしまいやすくなるようにしています。

家族構成

夫、自分、長女4歳、長男2歳

住まい

築2年の一戸建て

▶ 収納・片付けについて

隠すところは隠す、見せるところは見せる。隠すと見せるのバランスをとりながら楽しむ収納です。使いやすさを一番に、すっきりきれいに見えるよう、見た目も重視しながらきっちりしすぎない、疲れない収納を心掛けています。

▶ 収納・片付けの悩み

7〜8割収納にしたいのですが、まだモノが多くぎっちりうまっているところも。きれいに収納していても、取り出しやすさなどを考えると、もっと余白のある収納にしたいです。

Instagram user name

「_______________.ma」

https://www.instagram.com/_______________.ma/

▶ 2016年 12月 11日　リビング

数が多いリモコンの置き場所

カウンター下の収納。無印良品のラタンかごの中には、リモコン類と主人の身の回りのものを収納しています。リモコンだけでもエアコン×2、電動シャッター×2、トップライトの電動シャッター×2、和室のシーリングライト。とにかくリモコンが多い!!

なので、ここの収納は絶対作ると決めていました。見た目はともかく……作ってよかったところベスト3には入ります！　右のIKEAのボックスは、コースターや子どものこまごましたお菓子、病院の薬などなどを一時的に置くためのものです。

▶ 2017年 01月 16日

キッチン

ボックスに入れて収納

シンク下の収納を初公開。こんな感じです。ダイソーのねんどケースより大きいものがセリアで出たので、ねんどケースに入らなかった砥石がやっと収納できてすっきりしました。手前のニトリのダストボックスはちょうどいい大きさでめっちゃ使いやすい!! 液体洗剤類は高さがあって入らないので、パントリーに収納しています。

▶ 2017年 01月 22日

キッチン

キッチン収納の全貌

キッチンの一番下の収納の全貌です！一番右奥、シンク下にはタルトやケーキの型がそのまま入っていたのですが、ふた付きボックスに入れなおしました。ガチャガチャしたカラフルなものや、使う頻度が少ないものはボックスに入れています。中段の収納は、まだまだ改善中です……。

▶ *mini column* 収納・片付けマイルール

1. ラベリングする

どこにしまったか忘れてしまって困らないように、把握できないものにはラベリングしています。

2. ざっくり収納も必要

あまり細かく分類しすぎると疲れてしまうので、モノによっては細かすぎないように、ざっくり収納も。

3. 扉を開けたときの印象第一

扉を開けたときにきれいに見えるようにしています。扉を閉めておけば見えないところも、急に誰かに見られてもいいように、開けてもすっきりして見えるようにしています。扉があってもないものと思って、収納でインテリアを崩さないように心掛けています。

2017年 01月 31日

その他

飲み慣れない薬には説明書も

薬はタバコケースにこんな風に入れています。フラップ式のふたで使いやすいです◎　飲みなれている薬には説明書は入れずに、こんな風に飲み方の表示だけ付けています。

かさばるので説明書はなるべく入れたくなくて……。大体は食後に飲むものが多いので、そこは書いていません……。飲み慣れていないものには説明書も一緒に入れています。

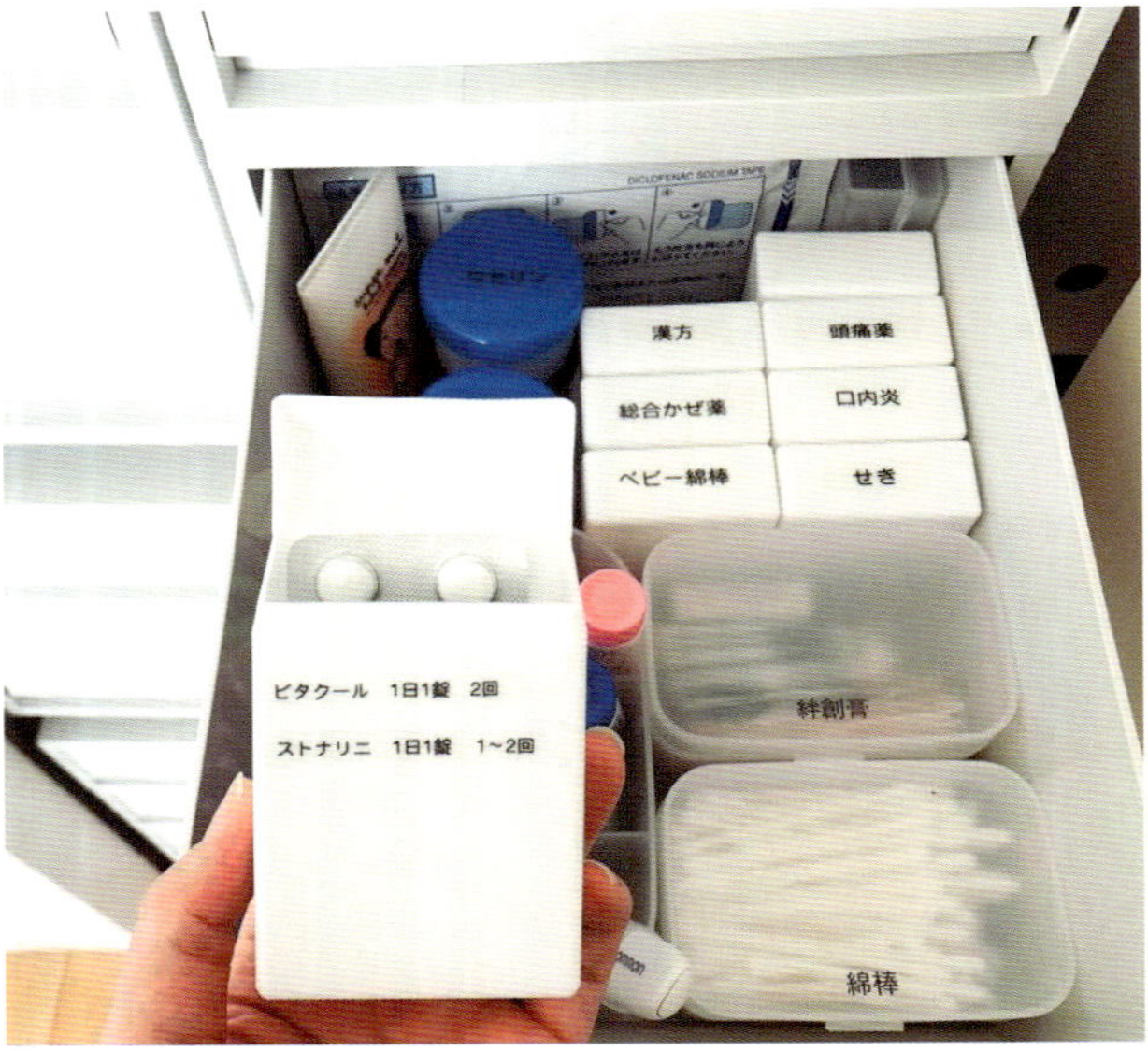

2017年 02月 15日

子ども部屋

見直しが近づくおもちゃ収納

おさがりでプラレールをたくさんもらって、いよいよ「トロファスト」にも入らなくなってきました……。

姉弟だから、おもちゃの種類も幅が広くて……同性だったら少しは違うのかなーと思ったり……。

収納容器の高さに合わせたら……

iwakiの「パック&レンジ」が大活躍です。中身が見やすいし温めなおしもできるし、匂いもつかないし、そのまま食卓に出せるし、「替えてよかった!!」と思うところしかないです。「フレッシュロック」は粉物が1kg丸々入る1・4ℓサイズに替えたら、ちょうど入る高さがなくて。それに合わせて段の高さを替えたら、真ん中の空間がこんなに広くなってしまいました。うーん、冷蔵庫収納って難しい。

▶ *mini column* お気に入りの収納

パジャマや下着類など、お風呂からあがってから使うものなどは全てここに収納したくて、洗面所の背面に浅めの収納を作ってもらいました。

タオルは使いやすさ重視で出したままです。自分専用の棚は基本的に決まっていて、場所を把握しているので目印はないのですが、季節外のパジャマやストックのタオル、ハンカチなどは100均のウッドクリップにラベルを貼ってはさんでいます。入れる場所を変えるときも、紙製のタグより付け外ししやすいし強度があるので◎　布団収納にもこのクリップを使っています♩

本当は無印良品のラタンボックスでそろえたいところですが、ソフトボックスに。

2017年 04月 24日

キッチン

書類はパントリーへ

我が家はパントリーの中にＩＫＥＡのマグネットボードを取り付けています。ここにはすぐ見たい幼稚園のおたよりなどの書類や、忘れたくない公共料金の支払い票などを貼っています。なんせリビング収納の扉が折れ戸なので、扉の内側に貼れず……。

でも、ほとんどキッチンにいることが多いので、ここでも不便は感じてません!! あまりたくさん貼れないので、あとは「冷蔵庫ピタッとファイル」というものにはさんでいます。書類が見開きで見られるようになっていて、いいです。

2017年 04月 25日

その他

階段上の空間を有効活用

家を建てる際、階段上が何もない空間ならもったいない……と思って、もちろんそこも収納にしてもらいました。

そのため、我が家の2階には、階段上に3畳の納戸がありますが、ここには季節外の布団用品、来客用の布団などをＩＫＥＡの「ＳＫＵＢＢ」に収納しています。

ここも洗面所収納と同様に、１００均のウッドクリップでラベリングしてます。すぐ付けたり、取り外したりできるのでウッドクリップいいです。

▶ 2017年 06月 06日 リビング

収納場所のせまさに合ったケース

カウンター下の収納は奥行きがないので結構使い方が難しいのですが、何とかこれで落ち着きました。ダイソーの透明のケースひとつひとつに、カッティングシートを貼って目隠し。貼るのが本当に疲れる作業で、もうやりたくない。

目隠しする必要のない白いケースはダイソーとかセリアとかたくさんあるのだけど、ケースの大きさ、並べたときにケースとケースの間に隙間がないこと、無駄な空間なく重ねられるっていうのが、このせまい収納場所には重要で……どうしてもこれを採用したくて。

▶ 2017年 06月 23日 子ども部屋

子ども部屋はかわいく

娘の部屋。ハンガーラックに星のフックがついて、さらにかわいさ倍増──。さ、今日は「無印良品週間」で買った、スチールラックを車で取りにいってきます！ 帰ってきたら1人で組み立てるぞー。

Geminiさん 11

gemini

高知県在住の30代、共働きです。以前は仕事に育児、家事と毎日慌ただしく過ぎていき、収納や片付けもままならない日々を過ごしていました。そんなときにDIYやインテリアの楽しさに出会い、少しずつ収納も見直すように。フルタイムで働いているので、子どもたちにもお手伝いしてもらえるととっても助かります。できるだけ子どもたちにもわかりやすい収納を心掛けるようになりました。

子どもたちも使いやすい、温かみのある部屋。

家族構成

夫、私、長男7歳、長女5歳

住まい

築7年の一戸建て

▶ 収納・片付けについて

毎日使うものはさっと取れる位置に配置したり、隠すことはやめて、あえて見せる収納にしたりすることで時短できるようにしています。子どもたちが使うものは、子どもたちの動線に合わせて配置するのも大切な部分。

▶ 収納・片付けの悩み

悩みはたくさんあります（笑）。使いやすさを重視することで安全面に配慮できていない部分があるなど（使わないものは上に収納。でも何かあったときに危険性も）、これから見直したいところです。

Instagram user name
「gemini_natural」
https://www.instagram.com/gemini_natural/

「Natural weather」
https://ameblo.jp/caw-gemini/

▶ 2016年 08月 05日

玄関

子どもの使いやすさを考えて

玄関収納を少し見直しました。シューズクロークは、大きな扉を開けて毎回靴を片付けるのが大変みたいで、子どもたちは脱ぎっぱなし。通学用の靴とさっとはけるはき物の2つだけ収納する棚を置きました。

無印良品のかごにはタオルを2枚。最近、夕立雷雨が多いんです。私より少し先に息子が帰宅するので、雨に濡れたときに使うタオルを置きたくて。

2016年 08月 20日

キッチン

悩ましいキッチンカウンターの上

キッチンカウンターの上って、ついモノを置いてしまいませんか？　モノを置きやすい高さなので、ついぽんぽんと……。仕事から帰宅した主人はお財布やペンなどなど、ここへ置きます。

置き場所を変えてみようと試みたけどダメ。ちょっとでも隠せたら、とふた付きボックスを置いたら「ふたを開けるのが面倒くさい！」ってボックス横にぽんぽん……。

結局入れるだけでOKのかごを置くことにしました。どうしても何か置かないといけない！　のときに私が意識するのは、お気に入りのものを置くこと。

2016年 09月 09日

キッチン

キッチンのDIY

ゆっくり変化してきた我が家の収納。なかでも、とってもお気に入りのキッチン♡

2年半前から、おうちをもっともっと好きになりたくて、DIYを始めました。

当時はまだ腰壁もなく、冷蔵庫も換気扇もリメイク前のシルバーのまま。カウンターもナチュラル。結婚したときに母がくれた食器棚は、今では真ん中の仕切り板を撤去して扉は外し、白くペイントして使っています♪　2年半かけてゆっくりゆっくり、手を加えながら大好きになった空間。そう考えると、余計に愛おしく感じます♡

mini column　収納・片付けマイルール

1. まず床にあるものを片付ける

床にモノを直接置かないようにしていますが、床にモノが散乱していたら、まずはここから片付け始めます。

2. 腰の高さにあるものを片付ける

キッチンカウンターやダイニングテーブルの上などはモノを置きやすく、ちらかりやすい場所。こまめに片付けます。

3. モノに定位置があるか考える

モノを片付けたら、それらに定位置があるか考えます。片付ける場所が決まっていれば、すぐにリセット可能。

2016年 11月 08日

その他

使いやすさにこだわった家事スペース

ニトリのスリムストッカーにランドリー用品をまとめました 1 。ハンガーやハサミなどを置いて、横や後ろにはピンチハンガーなどを引っ掛けています。

洗濯物を干すときはコロコロッと動かして、使わないときはアイロンデスクの下にぴったり収まります。シンプルでムダがなく、キャスター付きは本当楽チン♪ 隣には空気清浄・除湿機を置いています。

デスクに引っ掛けたニトリのワイヤーバスケットは、ハンカチなどの一時置き場に。セリアのアイアンバーを取り付けて、スプレーボトルを掛けたり当て布を吊るしたり。アイロンはふたを取ってしまって、ニトリのかごに入れています。

1

2

2017年 03月 19日

キッチン

見た目はすっきりで便利に

ダイソーの「スリム積み重ねラック」でキッチン収納を見直しました。以前、アパート住まいのときは、ラック類を扉の中などの隠す収納に多く使っていましたが、見せる収納にもかわいく使えるんじゃないかな？ と久しぶりに購入しました。両端にカチッとはめ込んで使えるので、グラつきも少ないです♪

板壁タイル棚の上に設置です。木箱からシンプルなラックに替えて、温かみも大切にしながら見た目はすっきりと爽やかに、そして便利に♪

2017年 04月 14日

洗面所

脱ぎっぱなしがなくなりました

洗面所のDIY。「ラブリコ」を使って立てた柱に、SPF材で作った棚をL字金具で固定して、白でペイントしました。ちょい掛けフック、洗濯ネット入れ、入浴時の衣類を置くかご、ランドリーボックスなど、まとめたかったものを全て集結1。

衣類入れにニトリのかごを3つ。このかごの色、形、強度が好きでリピートです。きれいにピシッと並んで気持ちいい。4人家族ですが、同時にお風呂に入ることはないので3つでOK。ダイソーで買った黒板クリップがとってもかわいくて♡ 子どもたちのかごに付けました2。床に脱ぎっぱなし、置きっぱなしがすっかりなくなってうれしい。

1

2

2017年 05月 25日

子ども部屋

持ち運べる収納ケース

セリアで見付けた真っ白なCDボックス。今までは透明だったり留め具のところが色つきだったりしたのですが、こちらは全部がすっきりと真っ白。

パカッとかんたんに開けられて、持ち運びも便利です。カラフルなおもちゃを収納するのにもいいサイズ。子どもスペースが1階から2階に移動したので、近所のお友達と遊ぶときにさっと持ち運びできると便利かなと。

2017年 06月 29日

洗面所

付属のトレーを外してすっきり

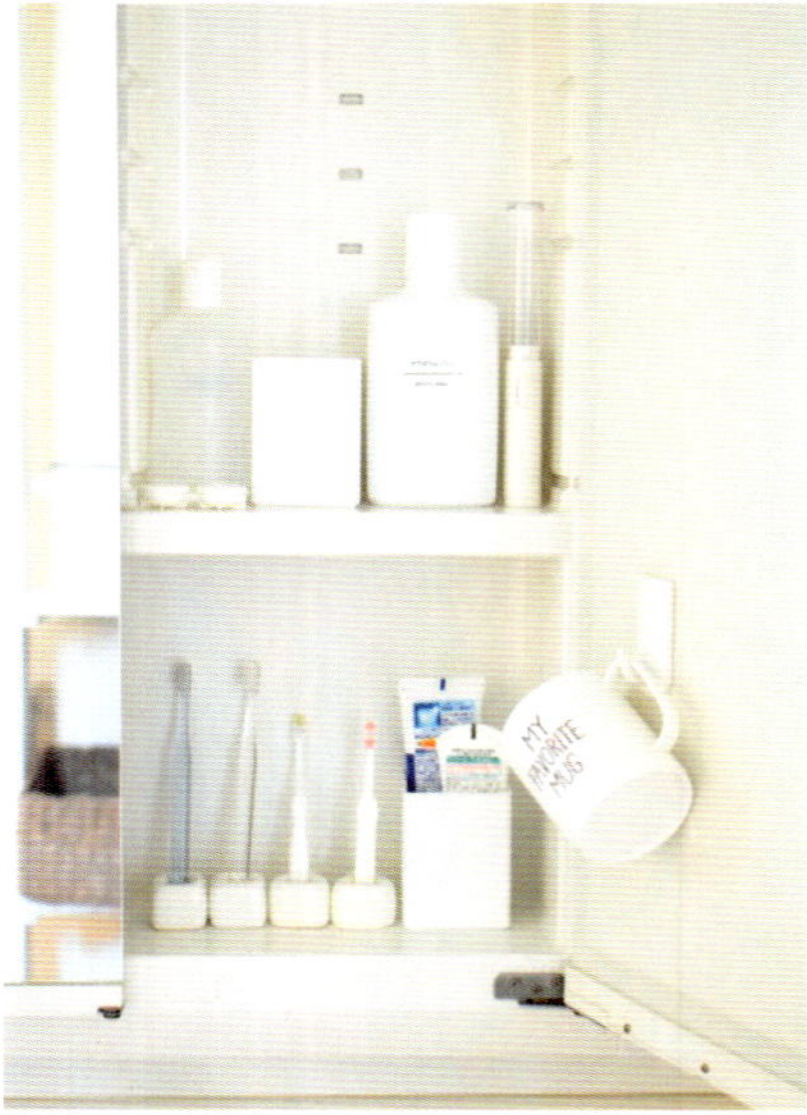

三面鏡裏の収納です。上段にはコンタクト用品、デンタルフロスや電動歯ブラシなど。下段には歯ブラシ類を収納しています。歯ブラシスタンドは大人用は無印良品、子ども用はダイソー。

もともとついていた棚の付属トレーを外しました。パッと見てトレーの中の汚れが見えにくいんですが、この利点が私にとっては放置してしまう原因のひとつになっているなぁ……と。見た目もすっきり♪ 付属トレー自体を洗う手間も省けて、外してよかったです。左側のトレーも同じく外しました。

2017年 07月 02日

洗面所

ぴったり収まる収納ケース

1

2

洗面台下の扉の中は、ニトリのファイルボックスとマルチ収納引き出しで区切っています。ファイルボックスには洗濯用洗剤とシャンプーなどのストックを。真ん中にマルチ収納引き出しがピタッと1。この引き出しの上あたりに蛇口や配管がくるようになっていて、ぴったり設置できました。引き出しがスムーズに出せて、仕切り付きで使いやすい。

奥には前髪カット用のハサミなど2。手前には無印良品のカトラリーケースとEVAケースを使ってざっくりと。引き出しの上、ダイソーのスクエアボックスには靴洗いセットを。上部に余裕を持たせたことで、取り出しやすく片付けやすく!

おもちゃスペースを見直し

押し入れで使っていたニトリのカラーボックス。新しいおもちゃスペースでは、下段も収納に使えるようしました。カラーボックスに合わせて角材を組み立てて作った棚に、ダイソーのリネンボックスもぴったり！ 戦隊ものの大きめのおもちゃが入っています。セリアのボックスも男の子のおもちゃ収納に。

▶ *mini column* お気に入りの収納

家事室収納は洗濯・畳む・しまう・アイロンがけ・着替えが、全てこの部屋でできるように作りました。夫婦のクローゼットと子どもたちの衣類も全てこの部屋に集結したことで、家事時間がグッと短縮できました。

一方、キッチン収納は見せる収納としまう収納を組み合わせて、使いやすくしまいやすい収納にしています。インテリアに興味が出てから、早い時期に取りかかりました。

家事室収納にはクローゼットも集結。

優さん 12

yuu

宮城県在住、30代の専業主婦です。家族全員にとって居心地のよい空間作りと、掃除のしやすいシンプルな部屋作りを日々模索しています。出したらまたそこに必ず返したくなるような収納が理想。

家族構成

夫、自分、長女4歳、次女2歳

住まい

築2年の一戸建て

▶ 収納・片付けについて

収納はいっぱいいっぱい詰め込むのではなく、余白を作ることを心掛けています。隙間があることで心の余裕につながり、モノの「出」と「入」がスムーズになります。きれいをキープするためには、たとえ細かなものでもひとつひとつの「モノの所在地」を明確にし、それを自分だけでなく家族全員が把握することが大切です。

▶ 収納・片付けの悩み

「出」と「入」の流れがスムーズなので、正直悩むことはありません。片付けも、モノの所在地が明確なので悩んだことがありません。

家族全員が居心地のよい、シンプルな部屋に。

➡ Instagram user name

「itdm.ho」

https://www.instagram.com/itdm.ho/

▶ 2017年 01月 17日

キッチン

食材ストックの最終形態

乾物類と調味料の収納。今までは全て透明の袋に入れて、見た目すっきりの収納でしたが、使い勝手の面で苦戦していたので見直しました。探し求めていた、ふたから中身が丸見えのキャニスター。ラベル作りの面倒もなく、とにかく見やすいのが何より。

長いパスタや、一度に使う量が多い小麦粉、パン粉などは、引き続きジップロック収納ですっきりと。セットで使う調味料と計量スプーンを無印良品のトレーに置いて、同じ引き出しに入れたことでさらに使い勝手がグンとよくなった。これで見た目だけでなく、時短と機能性も重視できたかな。

2017年 02月 13日

キッチン

きれいをキープできる野菜室

野菜室収納。週の始まりは野菜室がお野菜でうまっていて気持ちがいい。それぞれの野菜がそれぞれの部屋で出番を待ってるみたいで、何かかわいい(笑)。掃除をするときもすごく楽で、スッとそのまま紙袋ごと取り出せばいいだけ。定期的に水拭きをして、いつもきれいを保っています。

2017年 02月 27日

洗面所

ボトルを統一するだけで……

サニタリーコーナー。ランドリーボトルを好みのものに統一。たったそれだけなのに、洗濯するのが何倍も楽しみに。サニタリースペースにグリーンがある風景って、すごく好きです。

mini column 収納・片付けマイルール

1. しまう／しまわないを使い分ける

同じカテゴリーのものでも全てを同じ場所にしまうのでなく、ときにはあえて出しておくことも。そのほうが、暮らしがスムーズにいくこともあるので、使い分けをよく見極めることが大切。

2. 収納スペースは、見やすく取り出しやすく

きれいに収納されていても、出番のときに取りづらいと無駄に時間がかかります。見やすさと取り出しやすさにも意識を向けて。

3. 収納スペースには余白も大事

全く使っていないものは持っていないのと同じなので、潔く断捨離などして、本当に必要なものだけを最低限の数でそろえておきます。スペースに余裕があると、新しいものもスムーズに収納できます。

2017年 04月 25日

キッチン

心ときめく器たち

断捨離を兼ねた食器の見直しとキッチンの整理整頓。ずいぶん前から出番のない食器を少しずつ減らしていて、ようやく理想の食器収納に近付きつつあります。

減った分、棚がスカスカの余白だらけになったので、食器の収納場所を一番下のせまい棚に移動しました。いつでも視界に入る棚には好きな作家さんのカップや器、そのほかの作品を。ただ飾っているだけではなく、毎日の食卓やインテリアの主役になっている、心ときめくお気に入りたちです。

2017年 06月 02日

キッチン

キッチンをホワイト化

もともとはシルバーだったレンジフードや、木目調だったウッドシェルフをDIYで白にリメイクしました。空間が一気に明るくなって統一感が生まれました。

キッチンでも、「しまっておきたいもの」と「すぐに手に取りたいもの」を明確にし、出しておくべきものは、あえて見せる収納にすることを大切にしています。

2017年 06月05日

リビング

テレビボード収納を見直し

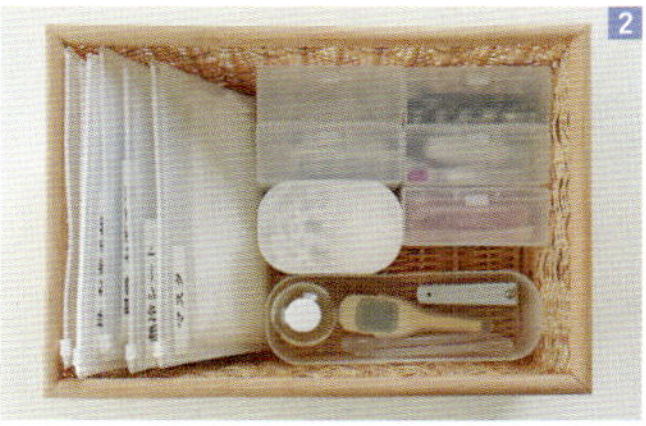

余白を持て余し、もったいない使い方をしていた空間を改善。もともとあった中央の仕切り棚を外して、無印良品のふた付きのかごをin。いまいちすっきりしなくてずっとモヤッとしていた文房具（P・96参照）とお薬の収納を見直して、ようやく理想の場所と使いやすさが実現1。

お薬手帳、診察券、母子手帳などをひとまとめにして2、1人分ずつケースに分けてラベリングしたことで、もう何もかもがグンと楽に！　病院へ行くときはこのケースのままカバンに入れればいいし、忘れ物は0。

2017年 06月 13日

キッチン

お気に入りのダスター

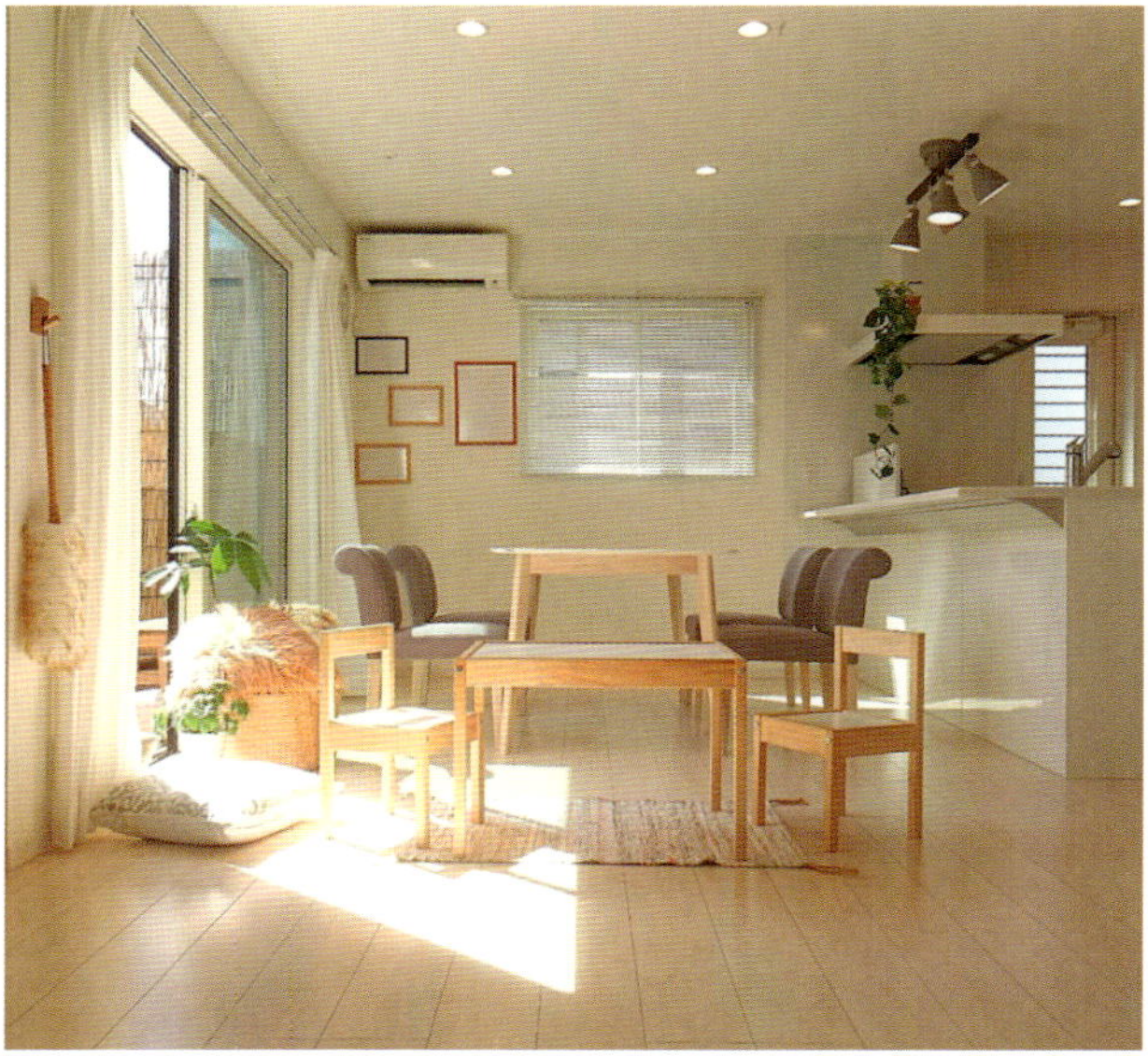

インテリア性の高いビジュアルで、とても気に入っている羊毛ダスターは、常に目につくこの場所に掛けています。

生活感の出やすい掃除用具は、見えないところに収納することも大切ですが、いつでも視界に入って、すぐに手の届くところに置いておくことで、気になったときにサッと掃除できたり、何かのついでにちゃちゃっと掃除できたりという利点があります。

2017年 06月 21日

その他

迷わないクローゼット収納

自分用のメインクローゼット。扉を閉じている右側には冬物のアウターやニットなどの冬服、出番の少ないフォーマルウェア、子どもたちと公園へ行くときなどに着る普段着を数点収納。バッグ類は上の白いボックスで完全に目隠し。

昔は服をとっかえひっかえしてもちっともコーデが決まらず、洋服選びに時間を奪われていましたが、私の場合のおしゃれがうまくいかない原因は「服を持ちすぎているから」でした。自分にとっての必要最低限を把握したことで、すっきりと余裕のあるクローゼットになり、10秒で洋服を選べるようになりました。

2017年 06月 30日

子ども部屋

ハンガーラックをDIY

子ども用の背の低いハンガーラック。成長すればいずれ使わなくなるんだしと思って、拾った木の枝で作っちゃいました。

今日はどのお洋服にしようと選んだり、脱いだ制服をハンガーにかけたり。白いチェストにはインナーやタオル、そのほかのお洋服やソックスを。「自分でできる」がまたひとつ。高さ100cm、幼少期限定のプチハンガークローゼットができ上がり～！

2017年 07月 11日

リビング

インテリアになる小物収納

リビングには常にこのかごを置いていて、コロコロ／ボックスティッシュ／TVリモコン／ハンディモップ／アルカリ電解水／ガーゼケットを入れています。あっちこっちに散らばりやすいもの、すぐに取りたいものなどをかごにひとまとめにすることで、このままその辺に置いてもOKなインテリアに。このスタイルがすごく好きです。

2017年 07月 14日

子ども部屋

整理しながら衣類をチェック

子ども用チェスト、夏編。整理整頓しながら、サイズアウトして着られなくなったものがないかを点検。3段チェストの上段2つはどちらも空き。下着類だけは、ここではなくお風呂の脱衣所にあるチェストに収納しています。余白があると新しいものをスムーズに取り入れられる気がします。成長期で回転の早い子どもの衣類の適正量をだんだん把握できるようになってきました◎

こんなところでも、かごが大活躍！

寝ながらつけたり消したりすることもあるので、手の届くところに置いておきたいエアコンのリモコンやボックスティッシュ、イヤホン。これらのこまごまとしたものは、おしゃれなかごに入れておけば、目隠し収納に大変身。インテリアに見えて部屋の雰囲気を邪魔しません。

mini column お気に入りの収納

リビングのテレビボードには文房具と薬などを収納。文房具はなぜかムダに複数持ちしてごちゃごちゃしがち。思いきってひとつずつにしてすっきりさせました。不要でもまだ使えるものは娘のお絵描きや工作グッズに。

結果、モノが少ない＝使いやすいことを実感。ひとつずつしかないので大切に使っていますし、所在を明確にしたことで家族全員がきちんと戻すことができるのです。

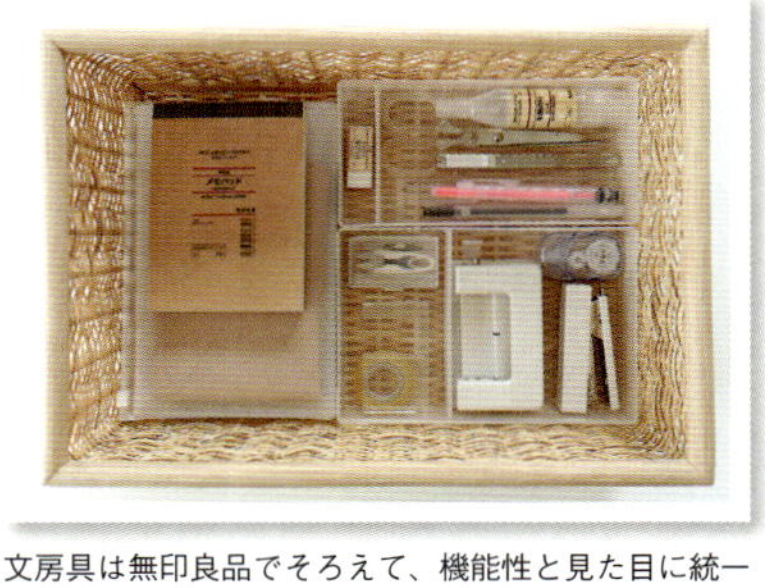

文房具は無印良品でそろえて、機能性と見た目に統一感を。

2017年 08月 23日

キッチン

生活感の出やすいところこそ

シンク下収納。生活感の出やすいところほど、統一感と清潔感を保ちたいです。

2017年 08月 24日

その他

日々のちょこっと掃除のおかげ

久しぶりに晴れたので、スカッとお風呂を磨きたくなりました。我が家で毎日の小さな習慣にしている排水溝の10秒掃除の甲斐あって、そこまで念入りなお掃除は特になし。タイルの端っこの黒ずみを軽く磨いたり、シャワーや鏡を拭き上げたりしてピカピカに。

美奈さん 13

mina

DIYで、自分好みに使いやすく。

埼玉県在住、30代の専業主婦。狭小地の建売り住宅を購入し、一番長くすごすリビングを中心に、趣味のDIYで少しずつ自分好みの家に近づけています。モノや汚れをためてしまうと片付けがどんどん億劫になってしまうので、こまめに片付け、掃除をするようにしています。写真で全体を見るとちらかっている場所などが見えてくるので、時々写真に撮って部屋をチェックするようにしています。

家族構成

夫、自分の2人暮らし＋ペット（犬2匹、猫2匹）

住まい

4LDKの建売り一戸建て、3階建て　築5年

▶ 収納・片付けについて

アイテムごとに片付ける場所（定位置）を必ず決めて、使ったら戻すことを習慣化するようにしています。収納ボックスはすっきり見える様にホワイトに統一しています。全て隠してしまい込むのではなく、よく使うものやデザインの気に入っているものは、あえて見せる収納にしています。

▶ 収納・片付けの悩み

食器がとても好きで集めているのですが、キッチンがせまいためどうしても入りきらず、ダイニングに置いていること。建売りの家なので収納場所が不便なこと。

Instagram user name

「ash_oops.37」

https://www.instagram.com/ash_oops.37/

「暮らし 日常 たまにカフェ」

http://pressblog.me/users/ash_oops.37/

▶ 2016年 09月 01日　その他

床拭きロボットの定位置

我が家の「Braava」の充電&収納。床拭きが終わったら本体も軽く拭いて、無印良品の「ファイルボックス（小）」に立てて入れ、家電ラックにしまっています。

何とぴったりサイズ。ボックスにもともと空いている穴からACアダプタのコードを通して、ラックの後ろにあるコンセントで充電も兼ねてます。これがひらめいたときは、我ながら天才かと思った。

2016年 10月 07日

キッチン

自分に向いた保存容器

すっからかんの冷蔵庫ですが、中段のお話です。とにかくカラフルなのが嫌で、保存容器は野田琺瑯の「レクタングル」をそろえて使っていましたが、中身を確認するのに、まぁ無駄なアクションが多いこと！

1回1回ラベルを付ける……なんてズボラな私にできるわけもなく、中身をダメにしたり忘れて同じものを買ってきたり。「庫内の隠蔽は私には向かない！」と諦め、岩崎工業の「マイクロクリアフードケース」に変更しました。

そしたらまぁ、中身が一目瞭然！　真っ白に統一するよりも、私にはこっちのほうが気持ちよかった。こうなったら、もう全部透明にしたくなる。

2016年 10月 28日

洗面所

DIYで作った洗面所

うちは建売りなので、もともとは普通の洗面ユニットでした。それがどうしても使いにくくて……2年かけてDIYしました。

洗面ユニット撤去から洗面台設置、ボウル設置など……夫は全く無関心だったので全部1人で。素人なのに我ながらよくやったな～と思います。

右側、3つ並んだ透明の容器は、IKEAの洗面台用の収納ケース。よく使う綿棒、コットン、デンタルフロスを入れています。特に綿棒は、洗濯機のゴミ受け掃除やバスルームの扉レールの溝掃除に毎日使っているので一番手前に置いて、ふたを開けてすぐ取れるように。

2017年 01月 06日

リビング

最善策のリモコン入れ

無印良品のキャリーボックスを持て余していたので、死角になるソファーの隅っこにリモコン入れとして置くことにしました。高さがないので手前にクッションを置くとほぼ隠れますし、掃除のときも丸ごと移動するだけ。

今までリモコン類はテーブルの上に置きっぱなしにしていました。引き出しなどにしまう場所を設けても、頻繁に使うため面倒くさいし……これが最善策かな。

旦那はこれですら面倒くさがりそうなので週末はこのままテーブルに出しておくのもアリ。リモコンのほかに小さいハサミやメジャー、ハンドクリーム、リップなど、リビングでさっと使用したいものを入れました。

2017年 02月 03日

キッチン

パッケージから出して収納するもの

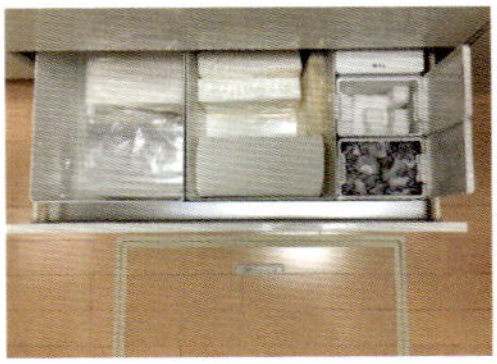

左のケースには消耗品のポリ袋の予備、換気扇フィルター、使い捨て手袋、布巾などをそれぞれパッケージから出して、ジッパーバッグに入れています。パッケージは色んな人が触ったり、下手すると床に落ちたりしているのでキッチン用品では抵抗がある。別にそれでお腹を壊すわけじゃないけど、神経質なのかも。でもかさばらないという利点がある。

本当は手書きで内容物を書いているけど、字が汚いので裏返し（笑）。どれも100均とかで毎日の買い物のついでに買えるので、予備はひとつかあっても2つまで。真ん中はティッシュやワックスペーパーなど。こちらもパッケージは全て外して。右のケースには食洗機用洗剤、メラミンスポンジなどの予備を。

mini column　収納・片付けマイルール

1. 消耗品のストックは買いすぎない

ストックは基本ひとつまでにし、ストックを開けたタイミングで買い足します。

2. 夫婦共用のものはラベリングする

できる限り正面から見える位置にラベルを貼ります。日本語でシンプルな書体にし、基本は白地に黒文字のテープを使って。洗剤の用途など、名前以外の付加情報を付けることでさらにわかりやすく。

3. 容器の色や形を統一してすっきり見せる

丸より四角など、できるだけ曲線や凹凸のない容器を使うことで、ムダな隙間ができません。収納容器の軽さを重視する場合はプラスチック、衛生面や耐久性を重視する場合はステンレス、中身を見せたいときはガラス製を選択。

2017年 03月 19日　リビング

くつろぎ用の本棚

ずっと欲しかったタイプの本棚を購入。病院の待合室にあるみたいなやつ。ダイニングでお茶を飲んで、くつろぎながら雑誌を選ぶの。あと下にモノを置きたかったので♥ バッグはリビングに置いておきたい派なんだけど、場所が定まらなくって。

自分で好みのカラーに塗装できるように無塗装を選んで塗料も買ったけど、このままの状態も気に入ったので、しばらく楽しもうかと。ソファー横にあった、本をのせていたミニテーブルは撤去して、少しすっきり。

2017年 05月 11日　キッチン

ちょっと使いができる折り畳みラック

やりたかったこと。シンクの左壁にIKEAの折り畳み水きりラックを設置しました。本当は大きい「インディアンキッチンラック」が一番の理想なんですが……そんなスペースもないので、折り畳みのできるこのラックに。

夫婦の1食分の食器はのせられないけど、たれた水がそのままシンクに落ちるので、ちょっとコーヒーを飲んだときや、洗った陶器を乾かしたいときにとても便利になりました♥

見直し中のキッチン収納

冷蔵庫の隣には、引き出し式のスリムラックにペーパータオルのストック、小皿やカップなどの食器、下には常温保存の野菜を置いています。配置を変える前は、冷蔵庫のある場所にレンジボードがあり、30cm幅のスリムラックを置いていました。

配置変えしてから冷蔵庫が床下収納を踏んでしまうので、19cm幅のラックに買い替え、ほんと〜にスリムなので置くものは選びますが、ないよりは全然いいです。棚板が足りないので下半分がデッドスペースになっているけど、そのうち棚板を足そうと思っています。まだ色々定まらず、モノの置き場所は毎日見直しているので、また変わるかと思います。

mini column お気に入りの収納

ペット（猫）部屋のクローゼット収納。自分で可動棚を設置して、お気に入りの収納ボックス（「ファボーレヌーヴォ」と無印良品のファイルボックス、セリアのふた付きボックス）に丁度いい高さできれいに収まるように工夫しました。
季節ものの家電など、大きい（高さのある）ものも収納できるよう、クローゼットの左右で板の高さを変えられるようにしました。思い立ってから1カ月ほどでできたと思います。

収納ボックスは色や形を統一。

2017年 07月 21日

キッチン

キッチンもDIY

左上の棚を付けた後、初公開のキッチン。もともとはキッチンパネルが貼ってあった壁ですが、自分で磁器タイルを施工しました。壁一面に付けられていた吊り戸棚も撤去し、隠す収納から見せる収納に変更。

ステンレスポールには使用頻度の高いキッチンツールを掛けて、ほかの鍋などは下の引き出しの中へ。正面左に見える小さい棚は、もともとは窓になっていましたが、DIYで棚を作り、窓枠にはめ込んでいます。頻繁に使う調理小物や調味料がパッと手に取れるのでとても便利です。

2017年 08月 07日

洗面所

手作りニッチ収納棚

手作りニッチ。何てことのない棚ですが、気に入っている点は、歯磨き用品を置いている下段の受け皿！

これは真っ白な磁器製で、もともとは寿司皿でした(笑)。使っていなくて捨てようかな〜と思っていたときにふと置いてみたら、何とぴったりサイズ。水滴がたれることもあるので、受け皿を外して洗えるのがよかったです。

2017年 08月 26日

その他

テーブルにカトラリー収納

引き出しの中にどっさり詰まってます。テーブルを買うときに絶対引き出し付きにしようと思ってたの。収納の少ない我が家では大活躍です。

左は主に金属カトラリーとクロス類（写真）。木製のカトラリーはオイルが付くので、分けてキッチンへ。右はコースターとはし置き。

kanaさん 14

kana

収納も家族と一緒に成長していく。

田舎で暮らす平々凡々な33歳の働くお母さんです。子どもたちとの暮らしをのんびり楽しんでいます。日々暮らすなかで、キッチンにお花を飾ったり、リビングに子どもたちの作品を飾ったり……そんなちょっとしたことを楽しみながら暮らしています。モノは少なく、心地よいものに囲まれた生活に憧れています。家族と一緒に日々成長していける収納を目指しています。

家族構成

夫、自分33歳、長女4歳、次女2歳

住まい

築1年の一戸建て

▶ 収納・片付けについて

毎日使用する頻度の高いものは、ゼロアクションで取り出せるように収納しています。あまり詰め込みすぎず、ゆったりした収納を心掛けています。

▶ 収納・片付けの悩み

日々生活していると、どうしてもごちゃっとしてくる場所があるので、そういう場所はまだ収納がしっくりきていない、改善すべき場所だなと思っています。自分が使用する場所は自分の感覚で収納・片付けできますが、子どものものを収納している場所は、子どもの反応や成長に合わせてまだまだ模索中です。

Instagram user name

「d.csk__」

https://www.instagram.com/d.csk__/

▶ 2016年 09月 20日

子ども部屋

これから成長していく子ども部屋

1日中家に引きこもりのため、ＩＫＥＡで買った「トロファスト」を組み立てました。これ、私でも組み立てやすかった。1時間もしないうちに完成。やっと子ども部屋のおもちゃたちの居場所を作ってあげられました。

ブロックやひも通し、こまごましたおもちゃをぽいぽい収納してます。まだまだ殺風景な子ども部屋だけど、これから少しずつ子どもの成長とともに変えていけたらな。とりあえずラグを買わなきゃ。

2016年 09月 30日

キッチン

書類は扉裏へ

キッチンの背面収納の扉裏。ここに保育園のおたよりなどをクリアファイルにはさんで、フックに引っ掛けて保管しています。

フックは粘着タイプのものは跡が残るのが嫌だったので、下にマスキングテープを貼ってから、その上にぺたっと貼り付けています。このくらい軽いものだったらびくともしません。場所を変えたいなと思ったら付け外ししても。反対側の扉裏にはゴミ出しのカレンダーを同じように引っ掛けて保管してあります。

2016年 10月 05日

キッチン

大掃除を先どりして

今日は娘の運動会のはずだったのに、台風のため延期に。そろそろ年末の大掃除が頭をよぎるので、今から少しずつ「みそか掃除」を始めたいと思います。

2階の床拭きとトイレ掃除、キッチン引き出しの拭き掃除。重曹スプレーが大活躍中。我が家の食器棚シートはニトリの「抗菌すべり止めシート」を使っています。丸洗いできるし、透明だし。フライパンも同じくニトリのもの。ファイルボックスに立てて収納。

mini column 収納・片付けマイルール

1. 持たない暮らしを心掛ける

必要ないものは思いきって捨てるようにして、自分がきちんと管理できる範囲でモノを持つようにしています。

2. 全てのモノに帰るおうちを作ってあげる

それぞれの場所を決めて、使ったら決められたおうちにきちんと返してあげること。当たり前ですが、日々これを守ることでちらかりません。

3. 片付いてると気持ちいい！を家族みんなで共有する

「きれいなお部屋って気持ちいいね！」。子どもと一緒に片付けをした後は、達成感を大げさなくらい共有しています（笑）。家族みんなで片付けに取り組めるように洗脳中。長女は以前よりも率先しておもちゃの片付けをしてくれるようになりました。

2016年 11月 16日

洗面所

定位置を決めて乱れない場所に

洗面所は毎日何度も使う場所だけど、そんなにごちゃっとならない場所。定位置を決めてから、モノが迷子になることが少なくなりました。

ぎゅーぎゅーにモノを押し込まず、なるべくゆったりした収納を心掛けています。何でもボックスを作ることで、こまごましたものが散乱しなくなりました。メイク類もこのポーチに入るぶんだけ！ と決めています。

2016年 11月 25日

キッチン

冷蔵庫掃除のタイミング

野菜室のお野菜たちが少なくなってきたタイミングで、庫内の拭き掃除を。仕切りは紙袋を再利用してます。タダだし（ここ重要）、汚れたら気がねすることなく交換できます。お米は100均のくせに100円じゃない米びつに保存（ダイソー）。

2016年 12月 15日　その他

ゴミ袋のストックも使いやすく

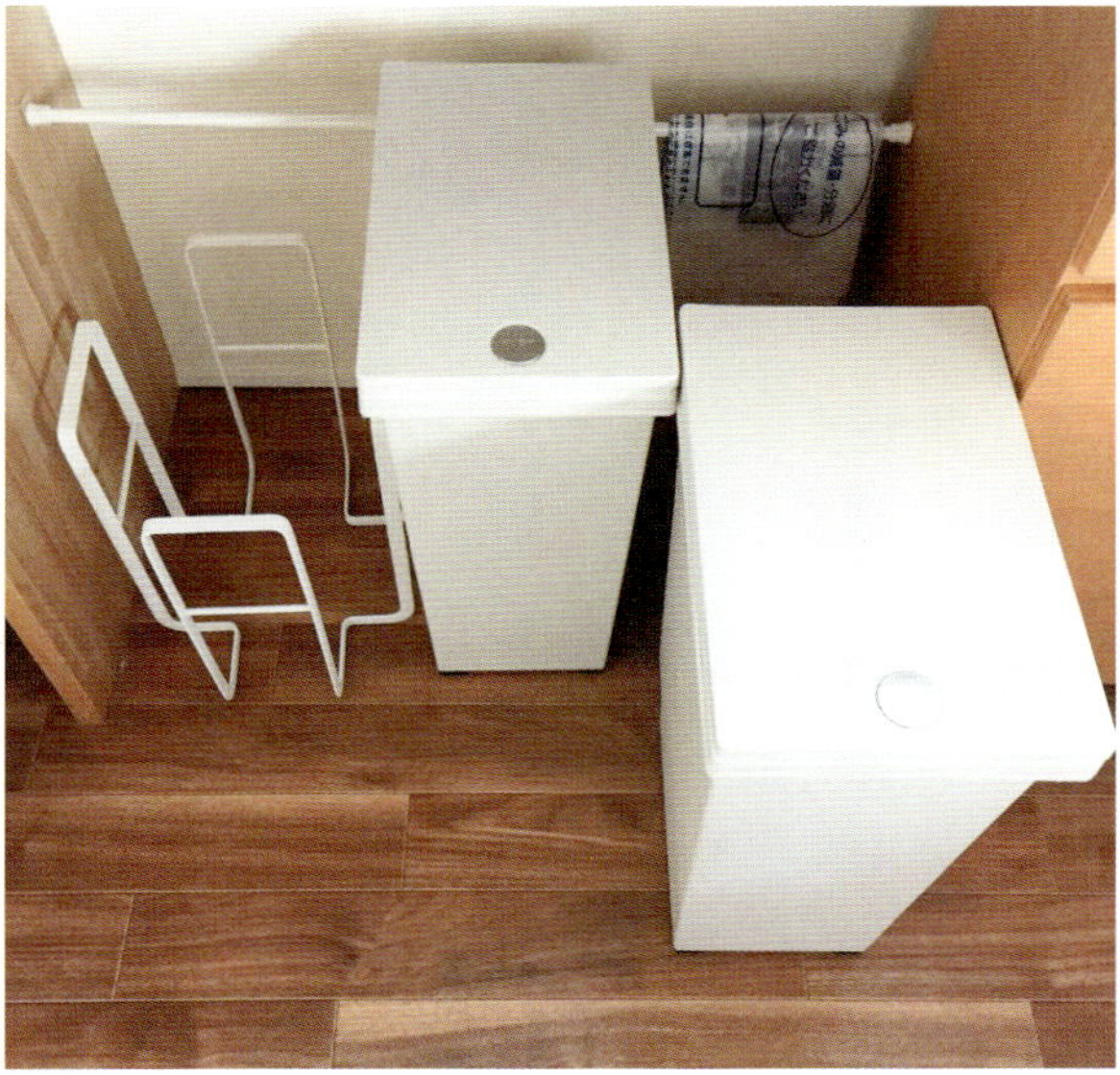

今日は燃えるゴミの日。ゴミ出しの日はゴミ箱をアルコールで軽く拭き上げます。ゴミ箱の後ろには突っ張り棒を付けてゴミ袋を引っ掛けてあります。袋の取り替えもスムーズ。

何度も突っ張り棒が落下するというプチストレスが続いてましたが、透明のすべり止めパットをしてからプチストレスがなくなりました。新聞ストッカーのほうは突っ張り棒が丸見えだけど、まあいっか（O型）。

2017年 02月 13日　キッチン

仕切らない引き出し収納

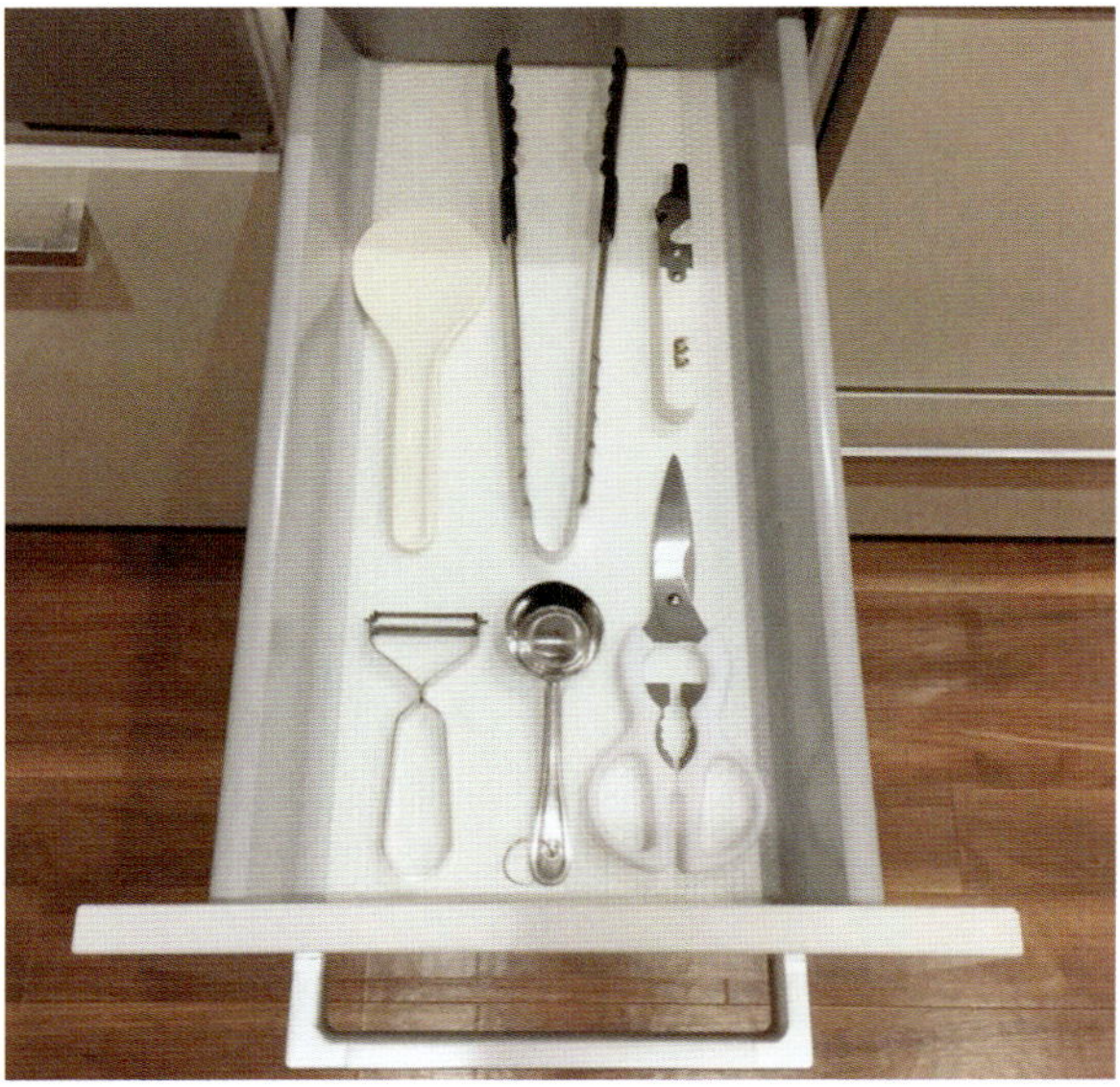

私が住んでいる地域は大雪。週末は雪かきに追われて全身筋肉痛。雪かきに免じて、週末のお掃除はキッチン引き出しの拭き掃除のみ。

引き出し内は仕切らない派。ニトリの「抗菌すべり止めシート」を使っています。汚れたらさっと拭いたり洗ったりできるので、お掃除が楽チンになりました。おたまや菜ばしはIH下に、スライサーはシンク下に収納しています。

2017年 02月 25日 リビング

リビングはシンプルに

せっせせっせと片付けて、今日は友達の家族がお泊まりにきます。子どもたちもわくわく楽しみにしてる様子。ビールもきんきんに冷やしてるし（ここ大事）。ごはんの準備をぼちぼち始めて待ってましょ。

気分でグリーンをダイニングテーブルの上に移動させてみました。この位置、案外いいかも。

リビングにはあまりモノを置かず広めのスペースを残しています。そこで子どもたちが思いっきり遊ぶことができます。

2017年 03月 13日 リビング

グリーンは吊るして

久々に子どもたちと寝落ちせずにリセットができました（奇跡）。明日は保育園の遠足。早起きしてお弁当を作るので、朝起きてやる気が出るように。

最近吊るしたがり。今日はよく行くスーパーでミモザに出会えたので、お持ち帰り。思ったよりボリュームがあるから存在感大。もっと緑をわさわさにしたいな。

ドライフラワーは少ないお手入れで済んで、手軽にグリーンを取り入れられるのでおすすめです。

2017年 04月 05日

洗面所

使いやすい作り付けの棚

洗濯物を片付けてすっきりしました。いつもは洗濯物が溢れかえっている場所。洗面所には造作の棚を作ってもらってます。可動棚にして、収納ケースを使ってタオルや下着類、子どものパジャマ、アイロンなどを収納しています。

一番下には子どもの踏み台や洗濯かごを。ここで洗濯物を畳んだり、そのままアイロンをかけたり毛玉取りをしたり、何かと活躍している棚。作ってもらってよかったなと思うもののひとつです。

2017年 06月 23日

リビング

階段裏のスペースを活用

子どもスペース。最近この階段下を子どもスペースに模様替えしました。ニトリのカラーボックスに絵本とおもちゃを入れて、バスケットにはざっくりぬいぐるみなどを。

それまではリビングのソファー裏に子どもスペースを作っていましたが、ソファー近辺がおもちゃでうもれて悲惨なことに。しばらくここで様子見です。2階にあったラグもここに移動。ふわふわのラグが気持ちいいみたいで、ここでよく姉妹でごろんと寝転がって絵本を読んだりしています。

mini column　お気に入りの収納

キッチンと洗面所は、家事動線を考えて使用する場所の近くに収納場所を確保しました。ボックスなどを使って収納したところは、誰が見てもわかりやすいようにラベリング。タオルや洗剤など、家族が毎日よく使うものは、ゼロアクションで取り出せるように収納しました。ここに引っ越してきてから2カ月ほどで、今の形に落ち着きました。

シンプルながら毎日の使い勝手を考えたキッチン。

15 大塚沙代さん

Otsuka sayo

ひらめいたらDIYで、楽しい収納に。

神奈川県在住、webライター（100均リメイクアイデア考案、執筆）をしています。35歳。小さな賃貸団地に家族6人で住んでいます。上は中学生から下は2歳の子どもがおり、毎日子育てや家事に追われていますが、そんなときにパッとひらめくことがあります。「ここに収納があったら便利！　片付けがスムーズになるかも！」と思ったら家族に相談し、主人とDIY。主人や子どもたちに気持ちよく帰ってきてほしいので、午前中と夕方に1回ずつ掃除をしています。

家族構成

主人、自分、長女14歳、長男10歳、次女7歳、次男2歳

住まい

2LDKの賃貸団地、築50年

▶ 収納・片付けについて

収納は子どもたちのものが主ですが、私は雑貨を飾るのが好きなので、そこにうまくとけ込むように収納しています。例えば末っ子の育児グッズは、アンティークのピクニックバスケットにおむつやお尻拭きなどをひとまとめに入れてます。そのままお部屋に置いているので、出し入れも楽チン。

▶ 収納・片付けの悩み

あともうひとつクローゼット（押し入れ）があったらうれしい。

Instagram user name

「xsayo.x」

https://www.instagram.com/xsayo.x/

▶ 2016年 09月 30日　リビング

壁に飾り棚をDIY

DIY用パーツの「Labrico（ラブリコ）」を使ったこの場所！　完成しました♡　ネイビーの引き戸は開いたときに壁に入るタイプではないので、ラブリコで壁を作って引き戸を収納できるように！　壁に寄りかかっているときに引き戸が開いたら大変なので、危険防止になりました。

真ん中は予定変更でペグボードに。ポストはお手紙入れ、飯ごうはリモコン入れ、刷毛はメモ帳になっています♪　飯ごう以外はフライングタイガーで購入。下段はブックシェルフにしました♪

2016年 10月 26日

キッチン

調味料のビンは浮かせて収納

毎日使う砂糖や塩などの調味料はビンに入れて、カウンターへ「浮かせる収納」。ビンのふたを棚板の下側にネジ止めして、片手でくるっとひねるだけで外せて便利です。珪藻土のスプーンを入れて湿気防止に。

2016年 12月 02日

キッチン

フライパンはスライド式収納

キッチンカウンターの中は、取り出しやすいスライド式でフライパンを収納。海外のDIYサイトを見て、見様見真似でDIYしました。シンク下は別の収納に使用しているので、便利だけど収納には向かないフライパン類をここへ。

ちなみに手前に写っている棚板下の取っ手を引っ張ると、カウンターの中からビヨーンとテーブルがスライドして出てきて、料理の盛り付けゾーンに変身♪　せまいキッチンをいかに有効に使うかを考えて、こんな感じになりました。

mini column　収納・片付けマイルール

1. 家族みんなが使いやすいように

子どもたちが自分で出し入れするものは手が届く場所に、触られたくないものは手の届かない高い場所やシャッター付きの書類ケースにまとめています。

2. 自分らしく、使いやすくする

今はSNSなどで色んな収納方法を見かけますが、やはりそれぞれの家庭に向き不向きがあります。一度ひらめいた場所に収納してみて、使いにくければ見直し、自分らしく使いやすい収納になるようにしています。

3. おしゃれに収納する

アンティークをお部屋に飾るのが大好きなのですが、飾ることがメインではなく、収納で使えるかどうかを考えて購入しています。「飾る＋収納」でインテリアの邪魔にもなりません。

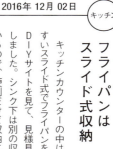

2016年 12月 03日

キッチン

ラベリングせずに暗記して

さて、我が家のシンク下収納。一度見直したけど、現在は元に戻ってこんな感じに。無印良品の「ポリプロピレン収納ケース」にキッチンのこまごましたものを全て入れています。私、ラベルが苦手なので暗記しています。ケース内は、白い目隠しだと前面が浮いて見えてたので、ダイソーのシルバーの画用紙を入れて。

2017年 01月 12日

リビング

レトロなアンティーク雑貨を活用

うちの中の色んなところにアンティークがあるけど、ここは特にレトロ♡ 左の棚には薬箱、書類ケースには旦那の仕事や学校関係の書類を収納しています♪

下の無印良品のトタンボックスは塗料やハケを。右のかごにはおむつやお尻拭きが入っています♪ 右の引き出しにはハンドメイド資材や事務用品を入れて。この棚は必要なときは机にもなります。

2017年 01月 17日

リビング

片付けも楽チンなおもちゃ収納

ニトリのカラーボックスをおもちゃ箱収納にしました♪ 中の収納ボックスもニトリですが、IKEAの「トロファスト」風にも見える⁉

クリスマスやお正月にプレゼントされたおもちゃがたまって溢れていましたが、子ども部屋からおもちゃを持ち運ぶよりも、リビングの1カ所にまとめれば楽チン♡ 毎日、お片付けも決められた箱に戻すだけ。小さなおもちゃを底からひっくり返して出しているので、これなら探さなくてもいいし、すっきりしました!

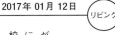

有孔ボードでデッドスペースを活用

久々にお台所♪ 冷蔵庫の側面に付けた有孔ボードには、トングやおたま、調理スプーンなどを掛けて収納。洗ってすぐ掛けておきます。

下部分には水きりかごを置くので、何もぶら下げていません。お茶碗類、魚用のお皿は洗ったら6人分のお皿にうもれてかわいそうなので、上にポンポン置いてくシステムです。

mini column お気に入りの収納

我が家のキッチンは昔ながらのキッチンで、どちらかというと「台所」というイメージです。引っ越してきた当初、背が高く、末っ子を妊娠中だった私には腰への負担が大きく、主人に私の背丈にあったキッチンカウンターを作ってもらいました。カウンターの内側（キッチン側）は全て収納にしてもらって、フライパンや鍋、こまごましたものまで全て収納できるようになっています。

水色がかわいいキッチンカウンター。裏側にはさまざまな収納が詰まっています。

chiiさん 16

Chii

苦手な家事のやる気を上げる、美しい空間。

松山市在住。4歳の娘を持つ、働く母。慌ただしい日々のなか、息抜きとして趣味のインテリアとカメラを楽しんでいます。料理好きの母の影響で新居建築時は特に台所にこだわりました。しかしながら掃除や整理整頓は苦手。どうにかそのモチベーションを上げられるように、毎日の生活のなかで無理なく収納を工夫し、自分なりの楽しい空間を保つことを心掛けています。

家族構成

夫、自分、長女4歳

住まい

築3年の一戸建て

▶ 収納・片付けについて

私にとって、ちらかっていない状態を常にキープするのは、とてもハードルが高いです。なので普段は少しずつ、たまに気合いを入れて取り掛かることならできそうかな……というスタンスで家事全般と向き合っています。ある程度の場所に、ある程度の状態で……という感覚で行っています。

▶ 収納・片付けの悩み

収納のためだけの部屋をひとつでも作ればよかったと感じています。季節ものの道具やお布団など、意外と場所をとるものの収納が課題。もうひとつは子どもが小さいので、やはりすぐにちらかることです……。母の宿命と思ってがんばります。

Instagram user name

「chii_moi」

https://www.instagram.com/chii_moi/

▶ 2016年 12月 19日

キッチン

食器収納を見直し

薄暗い写真ですが、この週末、食器を断捨離。友達のインスタグラムを参考に収納も見直し。

今までの収納スタイルは「与えられたスペースに、できるだけムダなく詰め込む」。でも、その考えが結果的にムダを生むのだとわかりました。

「まだ入るから」と思ってモノを詰め込み、新しいものを購入してしまったことも。こうして知らぬうちにモノが増え、使わないものも増え、使えるものも取り出しにくくなってしまう悪循環に。思いきって、もったいないくらいに余白を設ける。これが大正解。見やすく、取り出しやすい、キープもしやすい、メリットばかりです。

2017年 01月 14日

キッチン

優秀な調理道具を使いやすく

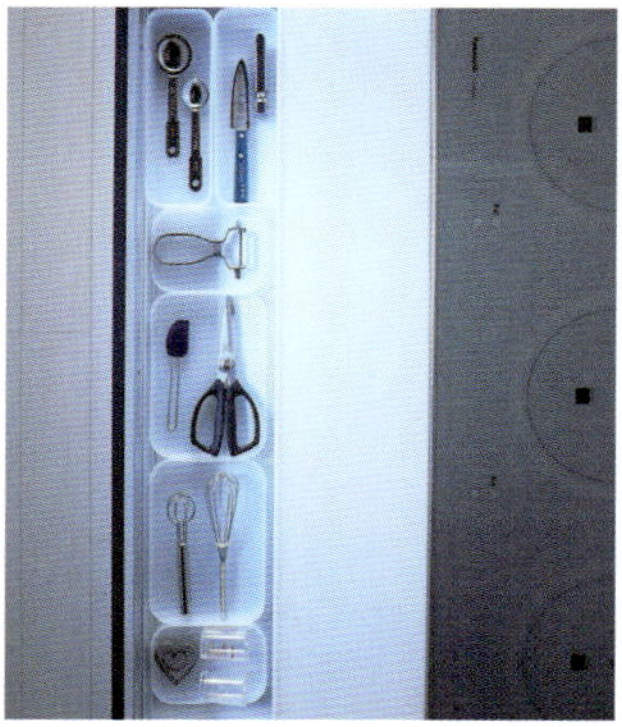

IHのすぐ下、高さ5㎝ほどの浅めの引き出し。GLOBALの「スピードシャープナー」、計量スプーン、ステンレスピーラー、キッチンばさみ、ミニスパチュラなどを収納。小さいのに優秀なものばかり。

入居時からとりあえず使っていた既製品の収納枠を取り外し、それぞれの道具に合わせたサイズの無印良品の収納小物を活用しています。

自然と集まった道具は、ほとんどステンレス素材。このスペースに菜ばしだけ「木」というのが、視覚的にしっくりこなかったので移動させましたが、これだけでとってもすっきりと見えてお気に入りです。使い心地もとてもいいです。

2017年 02月 19日

キッチン

調味料は詰め替えずに……

中央下段、調味料丸出しの収納。極度の面倒くさがりなので、詰め替え派ではありません。詰め替え派の方を本当に尊敬します。

オープン収納は「ホコリがたまりませんか?」とよく聞かれるのですが、適度にローテーションしているので実際にはたまることはなく、油汚れが付着するようなこともありません。食器棚も食器も、気になったときに拭いています。

mini column 収納・片付けマイルール

1. 沢山詰めすぎず、並べすぎない

出し入れしやすく、見やすくなるように適度に空白を設けるようにしています。空白は、モノを詰めすぎないことで自然に生まれます。

2. 見えない収納は特にすっきりと

見えない収納に色々と詰め込んでしまうと、どこに何があるのか、自分はもちろん、家族にもインプットされにくいです。開けたらひと目でわかる収納を心掛けています。

3. 「探す」ことをなくす収納を家族で考える

これが一番難しいです。「ママ、あれはどこ?」と尋ねられる度に自分の作業が中断されます……(笑)。あるはずのものを探す時間を極力減らすため、探さない収納を意識して工夫しています。

2017年 03月 15日

洗面所

冷たい雰囲気がお気に入り

脱衣所兼洗面室の壁紙はネイビー。無印良品のグレーのシェルフは、最上段にイッタラの「MENO（メノ）」グレーのMサイズを3つ。この冷たい雰囲気が好きです。

洗剤のストックや詰め替え用品など、今まで床下収納に隠していたものを入れています。分別タグも付けよう。

2017年 03月 18日

その他

何の収納スペースかというと……

スキップフロアの収納スペース。こちらの奥側のクロスもネイビーです。何の収納場所か。我が家は夫婦で剣道をしています。剣道用品専用のスペースです。臭くないですよ。

道着・袴・手拭い・竹刀袋・ユニフォーム・テーピングなどなど。稽古用・遠征用・試合用・未使用品とあり、そこそこの数が必要なので、結構なスペースをとります。だらしない私には管理が難しいため、主人が実権を握る（握らせている）スペースです。

キッチン収納の原点

キッチンツールを収納しているキャニスター 1 。この道具は私のキッチン収納の原点です。
普段使いの食器棚 2 。作家物と北欧物が混ざっています。

1

2

日々駆使するため、生活感も使用感もたっぷり染み込んだ道具。キッチンはまさにそんな道具たちの集合場所。雑な私の性格もあり、逆に生活感を味方につけなければならないと思いました。そのヒントをくれたのが、このキャニスター。どんなに雑に入れても、それなりに見せてくれるので大助かりの一品です。形状、釉薬の絶妙な色合い、我が家のためにあるのかな……と勝手に決め込んでいるほどお気に入りです。

mini column　お気に入りの収納

自分が一番落ち着く場所、眺めていて楽しい場所がキッチンです。出し入れしやすくて見やすく、掃除もしやすいこの収納スタイルがとても好きです。

片付けは得意ではないはずなのに、写真のような斜め上からのアングルで見てちらかっていると、自然と片付ける意欲が湧いてきます。困ったことに、ほかの場所ではあまりそうなりません……ダメですね（笑）。

食器もなるべく重ねずに収納し、使い勝手よく。掃除をするときは食器類を全てキッチンカウンターに仮置きしますが、出して・拭いて・戻すまでの時間は5分もあれば十分くらいです。

使いやすさを考えて、適度な空白を設けたキッチン。

kanataさん 17

kanata

福岡在住。40代の共働き夫婦。賃貸アパートで旦那さんと2人暮らし。旦那さんの作った木の家具や雑貨が家中に溢れています。モノが多くても居心地のいい、カフェのような雰囲気を目指して日々奮闘中。

居心地のいい、カフェのような雰囲気に。

家族構成

夫、自分

住まい

2LDKの賃貸アパート

▶ 収納・片付けについて

収納の多くは旦那さんによるDIYで、置きたい場所や入れたいものに合わせて作ってもらっています。キッチンカウンターや押し入れの飾り棚など、オープン収納も多くあります。オープン部分にはいつも眺めていたいお気に入りだけを並べ、見せたくないものはかごや引き出し、扉の中へ。

▶ 収納・片付けの悩み

見えないところの収納が苦手。見えないからという安心感もあるとは思いますが、開けたときにテンションが下がるので何とかしたいです。押し入れなどの大きな空間にはパズルのようにモノを詰め込みすぎて、取り出すのに苦労することも。

Instagram user name

「cafe202_home」

https://www.instagram.com/cafe202_home/

▶ 2017年 02月 01日 キッチン

カトラリーはアイテムごとに

硬質パルプ材の引き出しにカトラリーを収納しています。左から1段目にはし、はし置き。2段目にはスプーン、フォーク、ナイフ、栓抜き。3段目はデザートスプーンとフォーク、バターナイフを入れています。写真には写っていませんが、4段目には割りばし、ストローなど。仕切りが手作り感満載です。

2017年 02月 09日

キッチン

新しくモノを買ったら見直しを

水きり棚を外して新しく取り付けてもらった棚には、飲み物関係の道具や器を収納しています。新入りが入ってきたので収納見直し。マグカップを4つ出しました。

キッチンでよく使うアイテムは吊り下げ収納にして使いやすくしています。

2017年 03月 28日

その他

見るだけでうれしくなる収納に

ブローチが好きです。毎日使うお財布や時計と一緒に、普段使いのブローチも収納。引き出しを開けたとき、うれしくなるような収納が理想です。

ブローチや時計は無印良品の「アクリルケース用・ベロア内箱仕切」に並べています。引き出しを開け閉めしても、ずれにくいところが気に入っています。

mini column 収納・片付けマイルール

1. 使ったモノは定位置に戻す

モノが多い我が家では、出しっぱなし、置きっぱなしですぐに部屋が荒れてしまいます。使ったら元の場所に戻すことを心掛けていれば、部屋もちらからず、探す手間もかかりません。

2. ベッドメイキングだけはきちんとする

基本的に扉は開けっ放しなので、ベッドが玄関から丸見えなのです。時間がなくても、ベッドメイキングだけは欠かしません。

3. 新しくモノを買ったら収納を見直す

モノが増えたタイミングで収納を見直すようにしています。使用頻度の低いものを移動させたり処分したり。ついでにお掃除もして、すっきりさせます。

2017年 04月 06日 その他

掃除道具は手に取りやすく

とりあえず、と寝室に置いたマキタの掃除機。パッと手に取れて本当に便利。お掃除のハードルが下がりました。

もともと掃除機はダイソンのものを使っていましたが、出すのが面倒だし音が大きいので、昼間家に居るときしか使えていませんでした。

旦那さんがクリーナースタンドを作ったのをきっかけに、我が家もついにマキタデビュー。ブラシやほうきもクローゼットの取っ手に掛けて、すぐに使えるようにしています。

2017年 04月 11日 キッチン

乾かしてすぐにしまえる場所

ちょっと前に見直したキッチンカウンター。

減らさなきゃって言いながら、また器を増やしちゃいました。カウンターの手前にアイアンバーを付けてもらっていて、そこにいつもリネンのクロスを掛けています。洗った後にしっかり乾かしたいものは、クロスを敷いてカウンターの上に並べて。

2017年 05月 03日 洗面所

洗面所には小さな一輪挿しを

現在の洗面所。ミラーの上には出番待ちの一輪挿しを。水換えのタイミングで落としてしまう小さな枝を活けるのに、すぐ手に取れて便利です。

私の少ないメイク用品は、パウダーとリップクリーム以外はマグカップに入れて洗面台のオープン棚に収納。使うときにマグカップごと取り出して、終わったらまた棚へ。持ち手があるから出し入れしやすく、なかなか快適なんです。

▶ 2017年 06月 26日

洗面所

見た目はすっきり、中身はざっくり

パソコンコーナーの棚を外して、どこに付けようかと家中をウロウロしたけど、付けるところが見付からず。とりあえず洗面脱衣場に付けたものの、置くものがない。やっぱりいらないかなぁ。

洗濯機上の旦那さんお手製の収納棚には、タオル類とランドリー関係のものが全て収まっています。かごの中はシャンプーや入浴剤、化粧品のストック、ランドリーネットなどなど。見えないところはざっくりすぎる収納（笑）。

▶ 2017年 08月 03日

玄関

グリーンを置いて明るい雰囲気に

今朝の玄関。初めて行ったグリーンのお店でいくつかグリーンを仕入れてきました。おうちにはこのピラミッドアジサイともうひとつ。

アジサイはカットしてドライにしたとしても、切り花を買うよりかなりお安いよねー、とポットで購入しましたが、まだまだ元気に咲いているのでカットするのがかわいそうで。しばらくこのまま観賞しようかなと思います。

掃除道具は吊り下げて、さっと取れるように。

▶ *mini column* お気に入りの収納

もともとオープン収納として使っていた和室の押し入れ上段を白く塗りなおして、飾り棚を設置しました。
上部には照明を設置していて、夜は間接照明の役目も果たします。2017年のゴールデンウィークに作業して、DIY自体は3日で完成しましたが、前後の片付けまで含めると1週間くらいかかりました。

元が押し入れとは思えないオープン収納棚。

yuさん 18

yu

収納が少ない家でも、すっきり暮らしたい。

30代の主婦。以前は収納に興味もなく、沢山のモノに囲まれた生活をしていました。マイホーム購入を機に「収納が少ない家でもすっきり暮らしたい！」と思うようになりました。見た目がきれいだと単純に気持ちがいいことに気付きました。きれいな状態を維持しようという気持ちが湧いてきます。あまり細かくしすぎると片付けがストレスになってしまうので、見た目はすっきり、中身はざっくりな収納にしています。

家族構成

夫、自分、息子3歳の3人家族

住まい

築3年の一戸建て、4LDK

▶ 収納・片付けについて

収納が少ない建売り住宅ですが、圧迫感の出る大きな収納家具も置きたくない……。それでもすっきりとした部屋にするために、まずは「モノを減らすこと」が第一歩であり、必要不可欠なことでした。もともとモノに溢れていた我が家。心を鬼にして断捨離！ 持ちすぎない生活をすることで時間に余裕が生まれ、暮らしが楽になりました。

▶ 収納・片付けの悩み

収納のリバウンドをしないように8割収納を目指したいのですが、限られた収納ではなかなか難しいのが現実です。

Instagram user name

「mmy_____ta」

https://www.instagram.com/mmy_____ta/

▶ 2017年 01月 16日 リビング

おもちゃのざっくり収納に

リビングにIKEAの「トロファスト」を置きました。置いたときはリビングが前よりせまくなる印象がありましたが、もう慣れました。プラレール、トミカなど、しまいたかったものが無事収納できて、すっきり——！ ざっくり収納なので、息子も自分で片付けやすくなりました。

2017年 05月 22日

玄関

下駄箱も貴重な収納場所

建売り住宅でよくある、下駄箱。収納が少ないので、靴だけ収納するわけにはいかない、貴重な収納場所です。ここはすっきりしていますが、本当ならば土間や物置にしまいたいようなものが多い我が家。でも残念ながら両方ともないので、旦那がたまに使う脚立や電動工具、シーズンオフの靴などなど……、2階のひと部屋を物置部屋にしている現状です。

外で使ったものが部屋にあるのは何だか気持ち悪くて嫌なので、早く外に物置が欲しい!! もう使わないベビーカーもずっと車の中です（笑）。建売なので、「○○があったらな～」は山のようにあるけれど、一番は土間収納かも。

2017年 05月 29日

キッチン

お弁当作りに必要なものをまとめて

息子の親子教室はお弁当持参の日があるので、息子と自分、旦那の3人分のお弁当を作る日があります。キャラ弁や凝ったものは作れないので、お弁当グッズはこれだけあれば十分。

前まで引き出しに収納していましたが、何度も開け閉めするのも面倒だったし、弁当作りタイムは1分たりとも無駄な時間はないので、このようにまとめて収納することにしました。ニトリのボックスにセリアの仕切りを使っています。お弁当のピックをメラミンスポンジに刺すワザはフォロワーさんがやっていて、「なるほど――!!」と感動してマネさせてもらいました。

mini column 収納・片付けマイルール

1. モノを持ちすぎない

モノが多いと管理も片付けも大変です。本当に必要か、収納場所はあるのかを考えてモノを買うようにしています。定期的に収納の見直しをして、使っていないものは思いきって手離します！

2. モノの定位置を決める

必ず全てのモノに定位置を作ります。探し物も減り、ある程度ちらかっても短時間でリセットできるようになりました。

3. 家族みんなが使いやすいように

自分以外の家族（夫）も使う、共有のものの収納に関しては、収納場所の使い勝手がいいか、できるだけ聞くようにしています。わかりやすいようにラベリングもしています。

2017年 06月 01日

キッチン

冷蔵室の収納を見直し

開けると怪しい青い光がお出迎えしてくれる冷蔵室。見直し前の写真はありませんが、「劇的ビフォーアフター」です。旦那が帰ってきて開けたら、相当びっくりすると思います。

冷蔵室は自分だけでなく、家族も開けることが多いので、家族もわかりやすい収納にしました。どうしても色の氾濫を抑えたくなるけれど、わかりやすいようにケースは基本半透明か透明にしています。取り出しやすいよう、ケースは取っ手や指を引っ掛ける穴があるものを使って。

2017年 06月 05日

キッチン

ひと手間でケースを使いやすく

子どもの食器。気付けばプチプラ祭り。ダイソーのアニマル柄シリーズは、食洗機対応だし、各サイズ使いやすくて多用しています。

この引き出しは息子でも開けられる高さなので、お皿を準備するなどは自分でやってもらっています。そのままだと食器が立たないので、ケースに輪ゴムを掛けて、仕切り代わりにしています。

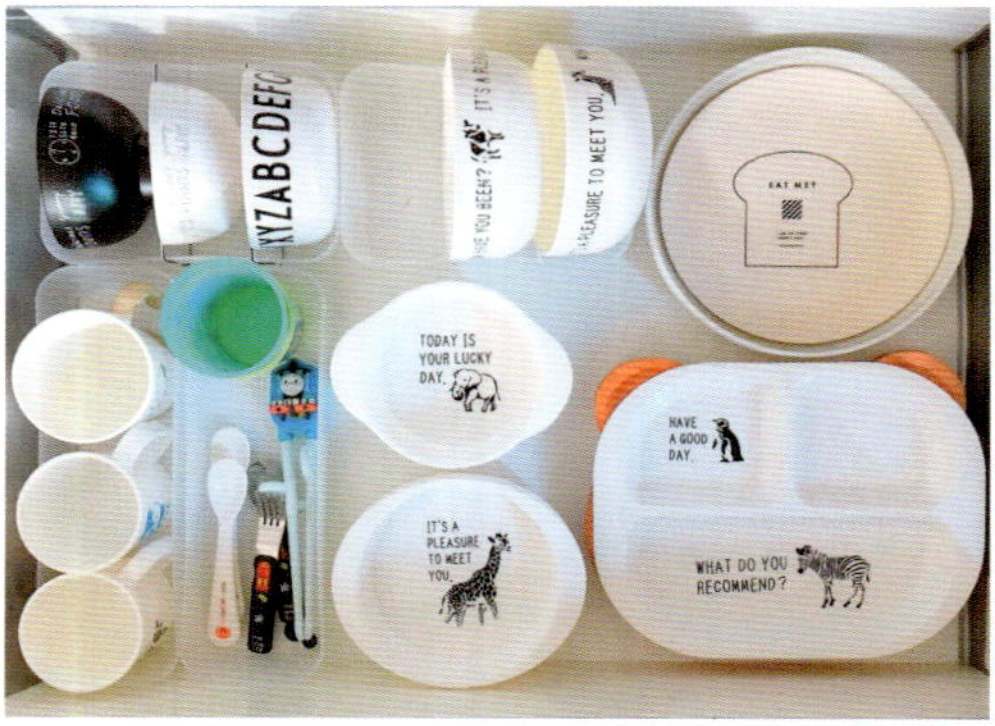

2017年 07月 05日

リビング

アレンジしやすい収納棚

リビングで使っている無印良品の「パイン材ユニットシェルフ」。棚を追加したり高さを変えたりと、アレンジできるので便利です。

先月の「無印良品週間」でソフトボックスを購入し、子どもの洋服入れにしました。まだなかなか自分でするのが難しい息子ですが、少しでも自分で選んで準備できるように。手描きのメモでラベリング。

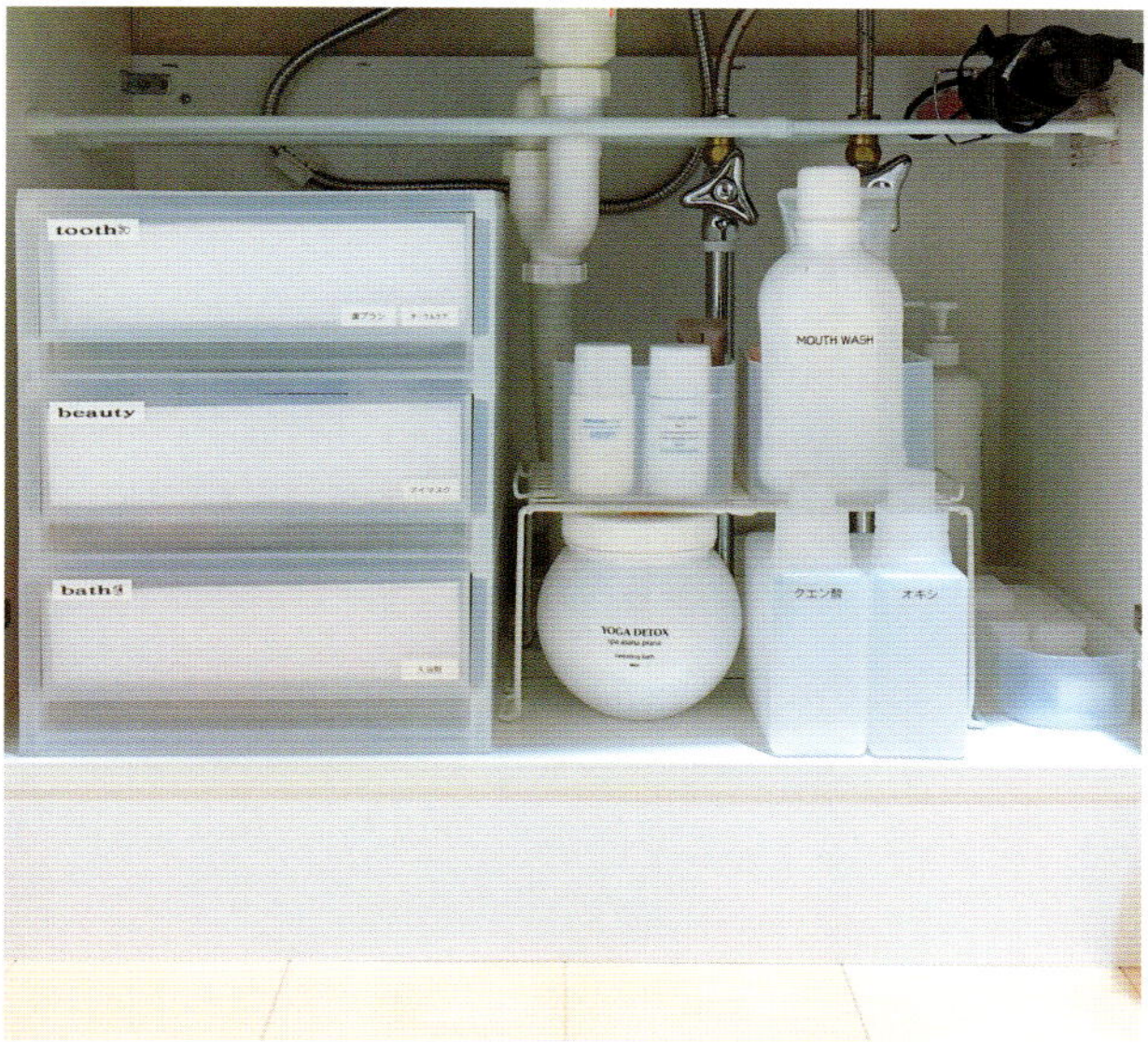

我が家で欠かせないアイテム

我が家の「ツッパリ」たち。建売り住宅なので、収納が少なかったり収納の使い勝手が悪かったり、デッドスペースが多かったり、「ここにこう棚があったらなー」「引き出しがあったらなー」などなどが多い我が家です。

そこで地味に活躍してくれているのが突っ張り棒！ 家の色々なところで活躍中です。洗面台下では2本使いで、ヘアアイロンをのせています。

mini column お気に入りの収納

1日のうちで過ごす時間が多いキッチンとリビングは、特に収納をがんばったところです。

キッチンは突っ張り棒やファイルボックスを使って、デッドスペースを活用。よく使うキッチングッズは、一番使い勝手のよい引き出しに厳選して収納しました（写真）。主に自分だけが使うところなので入居3年が近づいた頃にやっと収納を整えました。

リビングはおもちゃ箱を置いているので、ざっくり収納にして息子も自分で片付けがしやすいようにしています。ごちゃごちゃしがちなルーターなども、隠す収納ですっきりと。

頻繁に使うグッズは取りやすい引き出しにまとめて。

accoさん 19

acco

ストレスなく、出し入れしやすい収納を目指して。

千葉県在住の主婦です。建売り住宅を購入し、住みながらの家作りをしています。生活動線を考慮して、無理のない場所にモノの定位置を決めてあげると、リバウンドしません。モノを増やすときは、今持っているものでいらないものはないか見直したり、収納場所が確保できるか考えたりしてから購入します。ストレスなく、自然に出し入れして活用できる、見た目がよい収納を目指しています。

家族構成

夫、自分、長男1歳

住まい

築1年の一戸建て

▶ 収納・片付けについて

収納スペースが多いほうではないので、なるべくモノは増やさないよう常に心掛けています。モノの定位置を決めることで、ちらからない家を目指しています。モノが少ないながらも、殺風景なインテリアにならないように気を付けています。

▶ 収納・片付けの悩み

生活していると、気付くとモノがちらかっています。定位置を決めても、すぐにしまわなくなるのが悩みです。

Instagram user name

「acco.co_m」

https://www.instagram.com/acco.co_m/

▶ 2017年 02月 21日

洗面所

メガネの番地を決めて

久しぶりの洗面所。せますぎて、全体は写せません。この間IKEAで購入した黒い小物入れは4つセット。2つは台所で使っていて、あと2つ余っていたのですが、洗面所のメガネ入れにしました。

いつも主人はどこかにメガネをポイッとしていて、毎日のように「メガネどこー」って聞いてくるので、コンタクトと入れ替えをするこの場所に設置。ある日から勝手にメガネを入れたんだけど（説明しない、笑）、その日からちゃんと毎日ここにメガネが入ってます。私のメガネも一緒に。やっぱりモノの番地を作るのってとっても大事！　とはいえ、まだまだホームレスが溢れかえってる我が家ですが、ひとつ解決。

2017年 04月 18日 キッチン

引き出しの高さに合わせて収納

キッチン収納を全部さらけ出してしまおうシリーズ。ラップなどを収納しているシンク下の引き出しの一番下です。ここも投稿するほどではないですが、お皿を収納しています。

引き出しが浅いので、小さい平皿のみIKEAのお皿立てに立てています。大きい平皿はしょうがなく平積みで。残りのお皿は後ろのキャビネットに収納しています。

2017年 05月 14日 その他

文房具の行き場が決まりました

「無印良品週間」でのお買い物。引き出しのPPケース。ずっと行き場に困っていた文房具たち、やっと「ワンルームマンション」に入居し、和室の押し入れ収納に収めました。

サインペン、筆ペンやマーカー、シャープペン、消しゴム、ハサミなどを分けて収納し、乾電池も一緒に。

mini column 収納・片付けマイルール

1. 収納スペースに入る分だけ

モノごとに収納する場所（例えばボックスなど）を決めたら、そこから溢れる量は持たないようにしています。

2. 1日1回リセット

時間はあえて決めずに行います。1日のうち1回は必ずリセットをして、きれいな状態にするようにしています。10分と経たないうちに息子にちらかされることもしょっちゅうですが、それでも一度元通りにすることで、ある程度までしかちらかりません。

3. 隠す収納と見せる収納をバランスよく

どうしても生活感の出てしまうパッケージの掃除用具や食品などは、ケースに統一して収納し、見た目が雑多にならないよう心掛けています。見た目がかわいいものは、インテリアとして飾るようにしています。

着られなくなった息子の服

サイズアウトしてきた息子の服が増えてきたので、この間しまいました。このくらいの年頃は大きさと季節がぴったり合わなければいけないし、どっちもすぐ移り変わっていくから、すぐ着られなくなるんだなぁと実感。

セリアの圧縮袋にサイズやアイテムごとに分けて、袋の外から見ただけではわからないサイズだけ、クリップで表示しました。箱は我が家でおなじみ「バンカーズボックス」です。

▶ *mini column* お気に入りの収納

キッチンは、定着するまでに半年以上かかっています。料理は動線がとても大事なので、いかに自然に取り出せてしまいやすいかを考え、やっと今の状態に落ち着きました。

あとから造作で作ってもらった棚に、下のキッチンキャビネットの上とのバランスを考えながらディスプレイしているこの眺めがとても気に入っています。

吊り戸棚の中も、開けていてもよい収納にしているので、人が来たときうっかり開けっ放しになっていても大丈夫です。

使い勝手と動線を考えぬいたキッチン。

2017年 07月 06日

その他

ディスプレイ棚に入れて

昨日はIKEAで結構なボリュームのものを購入し、今日はせっせと組み立て。もう、慣れたもんです（笑）。このキャビネットとイスはとてもかんたんだった!! そう、ここは夫の部屋です。今まで放置していた部屋。

そのうち子ども部屋になるからと、手を付けないでいたんだけど。あまりの荒れように見るに見かねて、「ほぼIKEAでコーディネートしてみよう！」と思い立って、始めました。

「これだけは絶対に捨てないで！」という夫の心のバイブル、『ワンピース』はここにイン。本棚とか色々見たんだけど、ディスプレイ棚に入れたらインテリアになりました。

2017年 08月 20日

その他

押し入れ収納を見直し

昨日、夫にIKEAに寄って「SKUBB」を買ってきてもらったので、和室の押し入れを見直しました。SKUBBは一番上の4つと、一番下の3つの白い布製ケースです。

息子と私が布団を1セットずつ使うようになったので収納に余裕ができ、圧縮収納も最低限にすることができました。SKUBBの一番大きいやつ、あと少し大きければ敷布団も入るのになぁ。

西田裕美さん 20

nishida hiromi

植物に囲まれた、くつろげる空間がテーマ。

大阪府大阪市、築20年の中古物件に家族4人で暮らしています。30歳の専業主婦です。植物が大好きで、植物のある暮らしをテーマにお部屋をDIYしています。モノは多くても、すっきり清潔感のあるお部屋で、家族がくつろげるような空間作りをテーマにしています。すぐに何がどこにおいてあるかわからなくなってしまうので、自分や夫、子どもたちにもわかりやすいように、最近はモノの帰る場所を作るようにしています。

家族構成
自分、夫、長女7歳、長男5歳

住まい
築20年の中古物件、一戸建て

▶収納・片付けについて
色や形をそろえて、すっきりとした見た目になるようにしています。見た目はすっきりですが、中身はざっくりと。自分や家族に無理のないような収納になっています。

▶収納・片付けの悩み
定期的に収納を見直して、いらないものや使ってないものは捨てるようにしています。子どものおもちゃ類など、おもちゃ箱に入りきらなくなったら見直しのサイン！　と判断して、遊んでないものは譲ったり処分したりします。

Instagram user name
「kiki_nekko」
https://www.instagram.com/kiki_nekko/

▶ 2017年 04月 21日　その他

おもちゃ収納をDIY

先日作った息子のトミカ棚。持ち運びできるように、持ち手とふたのようなものを木枠と網を使って作りました。あとはふたの留め具を買いにいって完成♪　網だからちゃんと中に入れた車が見えるのがお気に入りです。

2017年 05月 24日

キッチン

調味料置き場を見直し

キッチンの調味料を置いていたところ。油はねガードを置いたら取りにくかったので、余っていたブロックで底上げしました。

調味料ケースやボトルは、全て100均でそろえています。料理中はセリアの油はねガードを広げることにしたら、油汚れも少なくなってお手入れも楽になりました。

2017年 06月 01日

リビング

インテリアになじむ収納

ブロックとSPF材を使って子どもっぽくない、インテリアになじむようなおもちゃ収納スペースを作りました。

置きたい場所に合わせてカットした木材と、コンクリートブロックを積み上げていくだけのかんたんDIY。一番下の段のみ木箱を置いて、おもちゃをざっくりと収納！ほかの段には文具や大好きなグリーンを余裕を持たせて飾っています。

mini column 収納・片付けマイルール

1. 収納はサイズ感が大切

見た目だけでもすっきりと見えるように、場所に合った収納スペースを作ったり、収納スペースに合ったサイズの箱を探したりしています。モノを置いたり飾ったりするときは、どこかに余白ができるようにしています。

2. 収納場所を作ったら、中はざっくり収納で！

子どものおもちゃなどは、特にきちんと片付けるのが難しいものです。収納場所を決めて、そこにしまえばOKとしています。

3. 維持できるように無理はしない

きちんとした収納を心掛けていますが、無理をすれば続かないのが私の性格で……。何でも入れていいボックスを作ったり、ゆっくりと自分のペースで収納・片付けを楽しみたいです。

2017年 06月 22日

キッチン

自分に合った収納に改善

キッチンの吊り戸棚収納。元は昇降式の棚が付いていましたが、背がそんなに高くないので、降ろしても上の棚に手が届かず、収納も軽いものしかできなくて。使いこなせなかったので、思いきって昇降棚を外して今はこんな感じとなりました。

この前ダイソーで小さい棚を買ってきて、ホームセンターでカットしてもらった木材を使って棚も付けました。

2017年 07月 13日

リビング

インテリアグリーン

リビングの窓際はグリーンスペース！　窓の奥行きに合わせてL字金具で取り付けた棚に、形やサイズが違うグリーンをバランスを見ながら飾っています。

1列ずつならべている分すっきりと見えますが、いろんな育ち方をするグリーンのおかげで、うきうきするような窓際になりました。ほかにもツルの長いグリーンは天井から吊るしたり、生活の邪魔にならないような飾り方を心掛けています。

2017年 07月 17日

洗面所

アクセサリーは見せる収納に

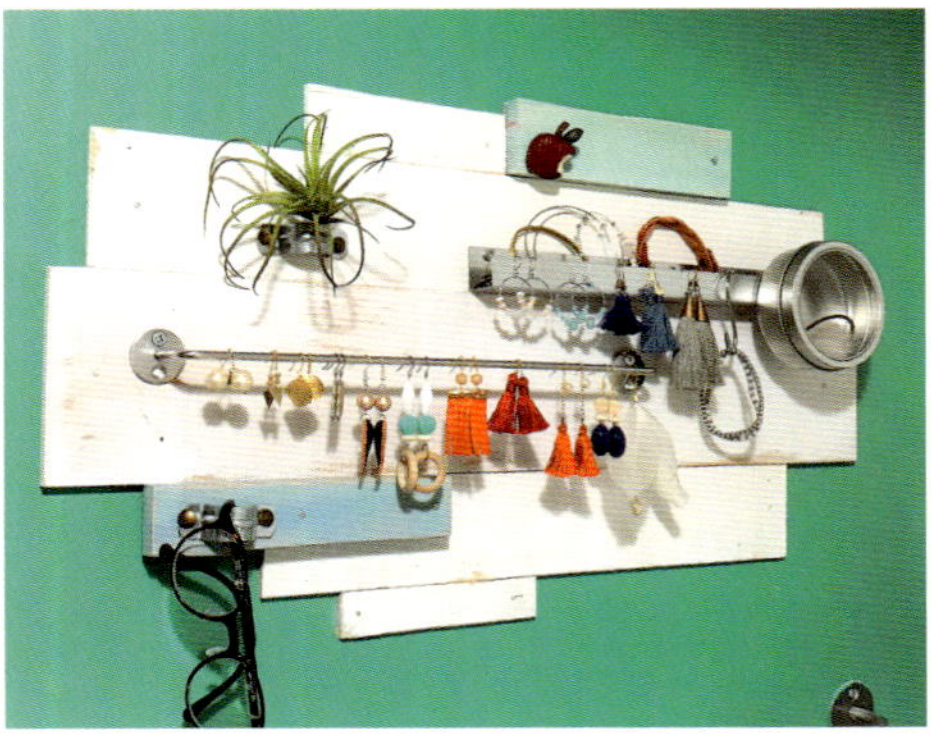

洗面所のアクセサリー収納♪　夏なので自分で作ったりしてちょろっと増えました。家にあった端材をペイントしてランダムに洗面所の壁に付けて、それをベースにセリアやホームセンターのパーツを使ってアクセサリーをぶら下げられるようにしました。

どこかにしまってしまえば、いつのまにか片方しかピアスがない！　ということがあったのですが、見せる収納にしてからはそんなこともなくなりました。

吊り下げ収納を活用

キッチンの上面に「ハテナフック」を付けてロープを結んで、アカシアの食器をぶら下げたり、窓際の突っ張り棒にぶら下げたIKEAのケースにビニール袋やクリップなどを収納しています。植木鉢風に見えるようにフェイクグリーンを飾って、遊び心もプラス！　バナナだってS字フックに引っ掛けておくと、場所もとらず取りやすいですよ。

mini column お気に入りの収納

我が家のリビングには備え付けの収納スペースが全くないので、スチールラックを置いて書類関係やこまごましたもの（電池や日用品）、電子レンジやトースターなんかも一緒に収納しています。

子どものおもちゃなどは、ブロックとSPF材をホームセンターで買ってきて積み上げただけの、かんたんなブロック棚を木箱がぴったりサイズで入るように作りました。木箱に子どものおもちゃをざっくりと入れていて、見た目だけはごちゃつかない、すっきりとした印象になるように工夫しました。

インテリアになじむDIY収納棚。

Kumiko Fujishiro さん 21

kumiko fujishiro

収納がインテリアの一部になるように。

愛知県豊橋市在住の40代です。主人の営む建具と家具屋の仕事を手伝っています。家事をする時間には限りがあるので、いかに楽にきれいに部屋を整えることができるかが大切。そして収納も大好きなインテリアの一部にすることで、楽しく片付けをすることができるようになりました。収納もインテリアも、その時々の生活スタイルに合わせて変化させていきたいです。

家族構成

夫、自分、息子、娘、犬

住まい

築35年の一戸建て（リフォームは15年前）

▶ 収納・片付けについて

なるべく生活感を出さないために、収納用品もインテリアの一部になるようなデザインのものを選びます。見た目だけでなく、使いやすさも重要。そして手に取ったときにワクワクするものを選ぶように心掛けています。

▶ 収納・片付けの悩み

主人も私も洋服が好きなので、冬は洋服がかさばって引き出しに収まりきらなくなってしまいます。

Instagram user name

「kumikofujishiro」

https://www.instagram.com/kumikofujishiro/

「HOME&WORKS☆ナチュラルでかっこいい空間づくり」

http://ameblo.jp/kumi5049/

▶ 2016年 06月 20日　その他

リノベーションが進行中

試作品の製作を兼ねて、プチリノベーションを進行中。次はリビングのドアとキッチンワゴンを考え中。

リノベーションするときは、まずはかんたんな図面を書きます。用紙は5㎜方眼ノートがおすすめ！　その場所に何を置きたいか考えながら、アイテムのサイズや棚板の枚数などを決めていきます。

あ！　その前に、収納用品は先に購入しておくといいです。買ってから「入らなーい（泣）」ってなるのを防ぐため。電化製品なども サイズを測って、それらがきちんと入るようにデザインと寸法を決めていきますよ。

2017年 03月 01日

リビング

ディスプレイも兼ねた見せる収納

春が来ると、気持ちも軽やかに♪　ディスプレイはまったく春らしくないけどね。新しい雑貨が増えてにぎやかになりました。

お気に入りのバッグや帽子などはいつも見えるところに出しておきたいから、雑貨と一緒にディスプレイしちゃいます。麦わら帽子は壁のフックに引っ掛けておくだけで絵になるから、何個も欲しくなっちゃう！

本は表紙が派手なものは外して、白黒に分けて見せる収納。

2017年 04月 12日

その他

大満足の納戸のリノベーション

やっとできた‼　納戸をショップ風にリノベーション。大好きなインスタグラマーさんをお手本に、壁にグレーの漆喰を、天井にはグレーのペンキを塗りました。家具は旦那さんにオーダー。去年の9月から取りかかり、半年かかってしまったよ。大変だったけど、今までで一番満足のいく仕上がりになりました。

これならお客さんが来たときに、慌てて納戸のドアをぴしゃっと閉めなくてもよいです。ということで、ドアもとっぱらいました。

▶ 2017年 04月 13日

その他

納戸にクローゼットスペースを

納戸のリノベーション、その2。以前はハンガースペースがこの半分しかなかったから、今度はゆったり掛けられてうれしい。

下のコロコロ付きワゴンには新聞や袋類、掃除道具やマスクなんかを入れています。毎日使うところだから、使いやすくきれいになって、日々のちっちゃなストレスが減ったのが一番うれしい。

▶ 2017年 04月 15日

キッチン

使いやすく、かわいいキッチン

オイルボトルって便利!! 腰をかがめて引き出しから出さなくてもいいし、出しっぱなしでもインテリアを邪魔しないしさ！

キッチンは油がはねたりして、どうしてもすぐに汚れてしまうから、モノはなるべく置かないようにしています。だって掃除が大変だから！

でも毎日使うオイルボトルや小鍋はぱっと手の届く場所に置いておきたいから、かわいい容器に入れ替えたり、琺瑯のおしゃれな鍋を選んだりして、ドライフラワーと一緒に飾りながら収納。そうすると掃除も不思議と苦になりません(笑)。

▶ *mini column* 収納・片付けマイルール

1. 家族が使いやすい場所に使いやすい状態でしまう

文房具・薬など家族が使うものは、サッと使ってサッとしまえる場所に。めんどうだと片付けてくれないので、ポイッとほうり投げても入るくらいの状態で。

2. 収納場所に収まりきるだけしか持たない

洗剤などの日用品は、収納場所に入りきらないものは買いません。安売りしていてもぐっと我慢！ 洋服も、引き出しがいっぱいになってきたら手放して。

3. 生活感の出るものはしまう

日用品はパッケージが鮮やかなので、引き出しか扉のある場所に。手紙類や子どもの持ち帰るプリント類、これやっかいですよね。できるだけその日のうちに目を通して、重要なもの以外はすぐ捨てます。

扉裏を有効活用

やっとできた！　クローゼットのこのエリアには、有孔ボードを貼って、帽子や時計をフックで引っ掛けて、見せる収納にしたかったんだー。

あと、学校のプリント類はバインダーにはさんで、切り取った雑誌のページを一番上に目隠しとして入れて。それにしても季節を先どりしすぎだね（笑）。

mini column　お気に入りの収納

納戸に設けたクローゼットは、リビングから見えるところなので、おしゃれなショップのような場所を目指しました。
収納したいものは決まっているので、どこに何をどうやって収納するか、あらかじめ考えぬいてDIY。ここまででき上がるのに、片付けを始めてから6カ月かかりました。

使い勝手とビジュアルにこだわったクローゼット。

hillさん 22

hill

必要なものを必要な分だけ、モノを循環させて。

東京都練馬区在住の会社員。30代、1人暮らし歴10年です。もともと超がつくズボラだった私が断捨離に目覚めたのは、3年前くらいのこと。ズボラでモノの管理ができないからこそ、モノを増やしてはいけないことに気付きました。「捨て変態」を経て、今はほどよいミニマリストを目指しています。居心地のいい暮らしを探し求め、シンプルで丁寧な暮らし、ほどよいミニマル生活を実践しています。

家族構成

1人暮らし

住まい

1K

▶ 収納・片付けについて

モノを循環させる（捨てる、買う）こと、色味を統一することを意識しています。定期的に、今持っているものを見直し、今現在使用しているものなのか、使っていないけど大好きで手放したくないものなのか、その2点を見極めて、場合によっては潔く手放すことにしています。

▶ 収納・片付けの悩み

1Kなので、クローゼットなどの収納が少ないこと。

Instagram user name

「hill_zzz」

https://www.instagram.com/hill_zzz/

▶ 2016年 10月 20日 洗面所

吊るす収納でぬめり知らず

バスルームはぬめりが気になってしまうので、床には一切モノを置きません。洗濯物を干す棒に全て吊るしています。トリートメントなどのチューブ容器で色つきのものは、100均のラッピング用品を使って白く変えて使っています☆

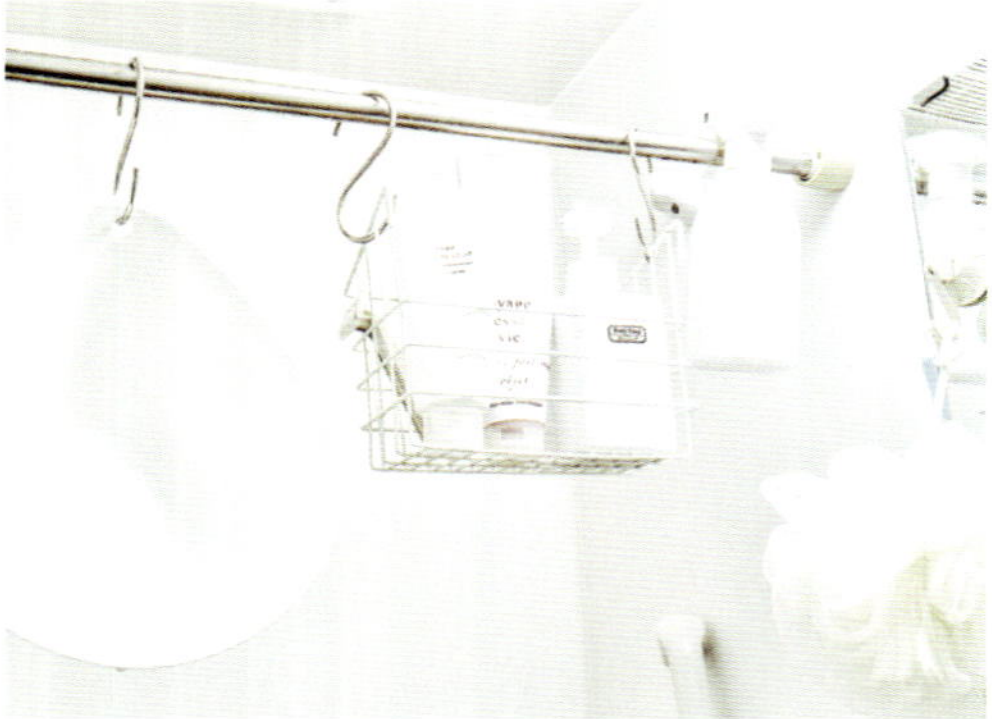

2016年 11月 07日

キッチン

キッチンも白で統一

欲しい要素をリスト化して今の家を探しましたが、結局全てそろっている家が見付からず、最後に諦めた2口コンロのシステムキッチン。

今の家で、少しでもテンションが上がるように、コンロ脇には100均のレンガ調のリメイクシートを貼っています。あとは我が家の鉄則、吊るす法則。ワイヤークリップ大活躍です！

2017年 12月 16日

キッチン

省スペースでかわいいゴミ入れ

うちの1人暮らし用のせまいキッチンには、ゴミ箱置き場などはありません。そんなわけで、シンク下に吊り下げ方式。これならば掃除機などをかけるときも楽チン！ここで袋ごとにゴミの分別もしています。ゴミ袋は見た目が美しくないので、かわいいマルシェバッグの中にゴミ袋を入れています。

mini column　収納・片付けマイルール

1. 定期的に所有しているものを見直す

モノを循環させるために、必要なものかどうか見直し、必要でなければ潔く手放します。

2. 生活感が出るものは外に置かない

備え付けのクローゼットのほかには、テレビ台とキャビネット1台、ベッド下収納のみ。基本的にはモノは外に出すことなく、収納の中で定位置を決めています。日用品が外に出ていないだけで、すっきりとした印象に。

3. 見えるものは色味を統一する

我が家はホワイト、グレー、ベージュに統一しています。これだけでも見た目がすっきりします。

2017年 03月 27日

リビング

インテリアグリーン

日向ぼっこしてる方たち。元気を分けてもらえるように、生命力の強いものをセレクト。もともと日当たりのいい部屋ですが、たまにベランダ近くで日光浴をさせています。育ちやすいものが多いので、何年かに一度は株分けをして、友人にプレゼントしています。

2017年 04月 16日

リビング

いらないものはここに

いらないものの保管用のかご。たまってきたら、フリーマーケットに出店します！

捨てるかどうか迷ったものは、このかごの中で一定期間保存します。1カ月くらいその中から取り出すことがなければ、手放すようにしています。フリマアプリなどもあり、手軽に人に譲ることもできるので、お気に入りのものは誰かに使っていただくようにしています。

2017年 04月 24日

リビング

よく使うものはまとめて収納

テレビ台にしている扉付きのカラーボックス。化粧品やドライヤーなど、日常的によく使うものは、ここの白いケースの中にしまっています。そのまま持ち運べるので、出しやすくしまいやすい収納。

洗面所も色味をそろえて

洗濯用洗剤のボトルがやっと整いました。形はあえてバラバラなものをセレクト。ラベルをはがすと真っ白になる洗濯洗剤ボトルを探しました。すっかり日常になじみました。

mini column お気に入りの収納

クローゼットはグラデーション収納に。引き出しを開けたときのテンションと、ときめきを大切にして実践中。2～3時間で整えたところですが、見た目がきれいだと自然と維持できるようになります。ここ以外にも、せまい1Kの部屋なので、収納場所の工夫が必須。日用品のストックはトイレの上にまとめて。洗剤や歯ブラシなどは基本的にストックせず、なくなりそうになってから購入していますが、まとめ売りなどでどうしてもストックを持つときだけ、ここに収納しています。掃除用品などもここだけ。

引き出しの中は、何となくグラデーションを意識して。

オンラインメディア
「みんなの暮らし日記 ONLINE」
やってます！

『みんなの朝食日記』『みんなの家しごと日記』『みんなの持たない暮らし日記』『みんなのお弁当暮らし日記』……大人気シリーズ「みんなの日記」が、ウェブサイトになりました！

家事、暮らしを大切に、きちんと丁寧に、そしてシンプルに楽しみたい人を応援したい！というコンセプトで料理や掃除・片付けなどの家事上手で話題の、人気インスタグラマー、ブロガーさんによる記事を多数掲載。

毎日の家事を楽に楽しくする実用的な情報に、モチベーションがアップする、ちょっとした共感ストーリーをプラスしてお届けしています。

ぜひご覧ください！

翔泳社　みんなの暮らし日記ONLINE編集部

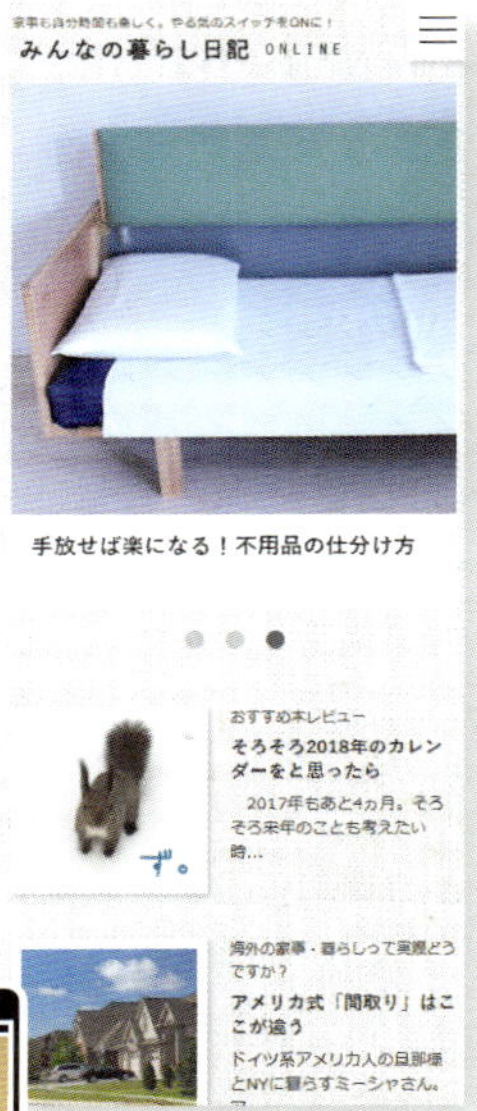

スマホでも！

https://minna-no-kurashi.jp/

みんなの暮らし日記ONLINE　検索

PCでも！

装丁デザイン	米倉 英弘（細山田デザイン事務所）
DTP制作	杉江 耕平
編集	山田 文恵

みんなの収納・片づけ日記

無理せず「すっきり」が続く、工夫とマイルール。

2017年11月16日　初版第1刷発行

著者　みんなの日記編集部
発行人　佐々木 幹夫
発行所　株式会社 翔泳社（http://www.shoeisha.co.jp）
印刷・製本　日経印刷 株式会社

ISBN 978-4-7981-5368-1　Printed in Japan